Marc'Antonio Iten

Die Willensvollstreckung in fünf Phasen

ERBEN UND VERERBEN

Die Willensvollstreckung in fünf Phasen

Marc'Antonio Iten

Schulthess § 2019

Bibliografische Information der Deutschen Nationalbibliothek
Die Deutsche Nationalbibliothek verzeichnet diese Publikation in der Deutschen National-
bibliografie; detaillierte bibliografische Daten sind im Internet über http://dnb.d-nb.de
abrufbar.

© Schulthess Juristische Medien AG, Zürich · Basel · Genf 2019
ISBN 978-3-7255-8022-4

www.schulthess.com

Vorwort

Das vorliegende Handbuch illustriert die praktischen Aspekte der Willensvollstreckung. Es richtet sich an private oder professionelle Willensvollstrecker wie Steuerberater, Treuhänder und Unternehmensjuristen sowie an Anwälte, Notare und Gerichte. Die Aufgaben und Befugnisse von Willensvollstreckern werden durch zahlreiche Beispiele und Lösungsansätze veranschaulicht. Sie zeigen, wie Willensvollstreckungsmandate in der Praxis abgewickelt werden können. Wo nötig, wird auf weiterführende Literatur und Rechtsprechung verwiesen.

Jede Willensvollstreckung ist anders. Und doch gibt es so viele Gemeinsamkeiten, dass Sie bestimmte Arbeitsabläufe effizient und routiniert abwickeln können. Denn jede Willensvollstreckung lässt sich in fünf zeitlich aufeinanderfolgende Phasen einteilen. In der Phase 1 geht es um lebzeitige Vorbereitungen. Die weiteren Phasen betreffen die Umsetzung nach dem Tod der Erblasser. Es sind dies die Sofortmassnahmen (Phase 2), die Inventarisation des Nachlassvermögens (Phase 3), die Verwaltung der Erbschaft (Phase 4) und schliesslich der Vollzug der Erbteilung (Phase 5).

In diesem Handbuch ist jede der fünf Phasen der Willensvollstreckung in einem eigenen Kapitel beschrieben und kommentiert. Jedes Kapitel thematisiert die involvierten Personengruppen (Ehegatten, Erben, Vermächtnisnehmer, Nachlassgläubiger), das Nachlassvermögen (Bankguthaben, Versicherungen, andere Guthaben, Mobiliar, Immobilien, Beteiligungen an Unternehmen), die Administration (Erbschaftsverfahren, Steuerverfahren, Nachlassbuchhaltung, Dokumentation, digitaler Nachlass) und die Handlungen, die für die Erbteilung relevant sind. Die wichtigsten Massnahmen sind am Ende jedes Kapitels in einer praxiserprobten Checkliste für Willensvollstrecker zusammengefasst.

Ich arbeite seit über 15 Jahren als Erbschaftsberater. Seit Beginn meiner Tätigkeit entwickle ich Checklisten, die mir bei meinen Willensvollstreckungsmandaten als Kontrollinstrument dienen. Die Lehre und Rechtsprechung arbeite ich laufend ein und reichere sie mit Erfahrungen aus meinem Berufsalltag an. Die Checklisten erheben keinen Anspruch auf Vollständigkeit – sie sind eine Momentaufnahme und werden auch in Zukunft weiterentwickelt.

Diese Checklisten für Willensvollstrecker stelle ich erstmals in kommentierter Buchform zur Verfügung. Erfahrung und gesunden Menschenverstand kann keine noch so umfassende Checkliste ersetzen. Checklisten sind jedoch ein nützliches Arbeitsinstrument und ein probates Hilfsmittel zur Haftungsprävention. Sie helfen Ihnen, an wesentliche Arbeitsschritte zu denken und besonders risikobehaftete Bereiche früh zu erkennen. Im Anhang finden Sie weitere Arbeitshilfen und Verzeichnisse.

Buchhaltung, Steuern und Recht gehen beim Erben und Vererben Hand in Hand. Es war mir wichtig, auch die Nachlassbuchhaltung und die steuerrechtlichen Vorgaben im Erbgang kompakt und übersichtlich darzustellen. Der Umgang mit dem digitalen Nachlass ist ein neues Forschungsgebiet, das in Zukunft weiter an Bedeutung gewinnen wird. Die aktuelle Lehre und die Praxis sind in diesem Handbuch berücksichtigt.

Ein herzliches Dankeschön geht an lic. oec. publ. Silvia Marty für ihr wertvolles Lektorat. Ferner danke ich den Mitarbeitenden der Dr. Strebel, Dudli + Fröhlich Steuerberatung und Treuhand AG in Zürich und vor allem Mathias Dudli für die stets kameradschaftliche Rückendeckung, die mir das Schreiben an diesem Buch erleichtert hat.

Ganz besonders danke ich meiner wundervollen Frau, Elisabeth Li Iten-Chen, für ihre Geduld und liebevolle Unterstützung. Ihr ist dieses Werk gewidmet.

Zürich, im August 2019

Dr. iur. Marc'Antonio Iten

Hinweis: Zugunsten der besseren Lesbarkeit verwende ich in der Regel die männliche Form, auch wenn Männer und Frauen gemeint sind. Ebenso gelten meine Ausführungen zu Ehegatten auch für eingetragene Partnerinnen und Partner nach dem Partnerschaftsgesetz.

Abb. 1: Zutritt nur mit Testament.
Quelle: Dr. Strebel, Dudli + Fröhlich Steuerberatung und Treuhand AG, Zürich

Inhaltsverzeichnis

Abkürzungsverzeichnis

a.a.O.	am angeführten Ort
Abb.	Abbildung
Abs.	Absatz
AG	Aktiengesellschaft oder Kt. Aargau (je nach Kontext)
AHVG	Bundesgesetz vom 20. Dezember 1946 über die Alters- und Hinterlassenenversicherung, SR 831.10
AI	Kt. Appenzell Innerhoden
a.M.	anderer Meinung
amtl.	amtlich / amtliche
Anm.	Anmerkung / Anmerkungen
AnwG	Bundesgesetz über die Freizügigkeit der Anwältinnen und Anwälte (Anwaltsgesetz, BGFA) vom 22. März 2002, SR 935.61
AR	Kt. Appenzell Ausserrhoden
Art.	Artikel (in einem Gesetz)
Aufl.	Auflage (eines Werks)
Aufsichtsbeh.	disziplinarische Aufsichtsbehörde
Bd.	Band (eines Werks)
BE	Kt. Bern
Bem.	Bemerkungen
betr.	betreffend bzw. betrifft
BG	Bundesgesetz / Bezirksgericht
BGBB	BG vom 4. Oktober 1991 über das bäuerliche Bodenrecht (BGBB), SR 211.412.11
BGE	Entscheidungen des Schweizerischen Bundesgerichts. Amtliche Sammlung (Lausanne)
BGer	Schweizerisches Bundesgericht in Lausanne
BGZ	Bezirksgericht Zürich
BK	Berner Kommentar (Bern)
BL	Kt. Basel-Landschaft
BS	Kt. Basel-Stadt
BSK	Basler Kommentar (Basel/Genf/München)

Bsp.	Beispiel / Beispiele
bspw.	beispielsweise
BVG	Bundesgesetz über die berufliche Alters-, Hinterlassenen- und Invalidenvorsorge vom 25. Juni 1982, SR 831.40
bzw.	beziehungsweise
CHF	Schweizer Franken
CHK	Handkommentar zum Schweizer Privatrecht (Zürich)
DBG	BG vom 14. Dezember 1990 über die direkte Bundessteuer, SR 642.11
def.	definitiv
d.h.	das heisst
Diss.	Dissertation
E.	Erwägung / Erwägungen
EG	Einführungsgesetz (gefolgt vom betreffenden Gesetz)
eidg.	eidgenössisch / eidgenössische
EL	Ergänzungsleistungen
ELG	BG vom 19. März 1965 über Ergänzungsleistungen zur Alters-, Hinterlassenen- und Invalidenversicherung, SR 831.30
ESchG	Erbschafts- und Schenkungssteuergesetz (gefolgt vom jeweiligen Kt.)
ESt	Erbschaftssteuer
et al.	et alii (lat.) = und andere / weitere
etc.	et cetera
evtl.	eventuell
f. / ff.	und nächstfolgende
FN	Fussnote
FR	Kt. Freiburg (Fribourg)
FS	Festschrift / Festgabe
GBA	Grundbuchamt
GBV	Verordnung betreffend das Grundbuch (Grundbuchverordnung) vom 23. September 2011, SR 211.432.1
GE	Kt. Genf (Genève)
gem.	gemäss
ggf.	gegebenenfalls

GL	Kt. Glarus
gl.A.	gleicher Ansicht
gl.M.	gleicher Meinung
GR	Kt. Graubünden
GSt	Grundstückgewinnsteuer
Habil.	Habilitationsschrift
HEV	Hauseigentümerverband
h.L.	herrschende Lehre
HReg	Handelsregister
HRegV	Handelsregisterverordnung vom 17. Oktober 2007, SR 221.411
Hrsg.	Herausgeber
i.A.	im Allgemeinen
i.d.R.	in der Regel
inkl.	inklusive
insb.	insbesondere
IPR	Internationales Privatrecht
IPRG	BG vom 18. Dezember 1987 über das Internationale Privatrecht, SR 291
i.S.	im Sinne
i.S.v.	im Sinne von
IVG	BG vom 19. Juni 1959 über die Invalidenversicherung, SR 831.20
i.V.m.	in Verbindung mit
JU	Kt. Jura
kant.	kantonal
KESB	Kindes- und Erwachsenenschutzbehörde
KGer	Kantonsgericht
KMU	Kleine und mittelständische Unternehmen
Komm.	Kommentar / Kommentierung
Kt.	Kanton / Kantone
landw.	landwirtschaftlich / landwirtschaftliche
LCdir	Loi sur les contributions directes (NE)
LDS	Loi du 26 novembre 1960 sur les droits de succession (GE)

LI	Loi d'impôt (JU, VD, VS)
LIPP	Loi sur l'imposition des personnes physiques (GE)
LISD	Loi sur l'impôt sur les successions et les donations (FR, JU)
lit.	litera = Buchstabe
LMSD	Loi concernant le droit de mutation sur les transferts immobiliers et l'impôt sur les successions et donations (VD)
LPFisc	Loi de procédure fiscale (GE)
LSucc	Loi instituant un impôt sur les successions et sur les donations entre vifs (NE)
LSV	Lastschriftverfahren
LT	Legge tributaria (TI)
LU	Kt. Luzern
m.a.W.	mit anderen Worten
m.E.	meines Erachtens
Mt./Mte.	Monat/Monate
m.w.H.	mit weiteren Hinweisen
N	Note / Randnote
NE	Kt. Neuenburg (Neuchâtel)
Nr.	Nummer
NW	Kt. Nidwalden
OG	Obergericht
OR	BG betreffend die Ergänzung des Schweizerischen Zivilgesetzbuches, Fünfter Teil: Obligationenrecht vom 30. März 1911, SR 220
OW	Kt. Obwalden
PartG	BG vom 18. Juni 2004 über die eingetragene Partnerschaft gleichgeschlechtlicher Paare (Partnerschaftsgesetz), SR 211.231
p.m.	pro memoria
prov.	provisorisch
REPRAX	Zeitschrift zur Rechtsetzung und Praxis in Gesellschafts- und Handelsregisterrecht (Zürich)
resp.	respektive
RS	Rechtsprechung
S.	Seite / Seiten

SchKG	BG vom 11. April 1889 über Schuldbetreibung und Konkurs, SR 281.1
sep.	separat / separate
SG	Kt. St. Gallen
SH	Kt. Schaffhausen
SHAB	Schweizerisches Handelsamtsblatt (Bern)
SO	Kt. Solothurn
sog.	sogenannt / sogenannte
SR	Systematische Sammlung des Bundesrechts (Systematische Rechtssammlung)
ST	Der Schweizer Treuhänder; Monatsschrift für Wirtschaftsprüfung, Rechnungswesen, Unternehmens- und Steuerberatung (Zürich, Treuhand-Kammer)
STE	Steuererklärung
StG	Steuergesetz (eines Kantons)
StGB	Schweizerisches Strafgesetzbuch vom 21. Dezember 1937, SR 311.0
StHG	Bundesgesetz vom 14. Dezember 1990 über die Harmonisierung der direkten Steuern der Kantone und Gemeinden (Steuerharmonisierungsgesetz), SR 642.14
StPO	Schweizerische Strafprozessordnung vom 5. Oktober 2007, SR 312.0
StR	Steuer Revue = Monatsschrift für das gesamte Steuerwesen von Bund und Kantonen: Die unabhängige Fachzeitschrift für das gesamte Steuerwesen (Bern)
str.	strittig / umstritten
STWE	Stockwerkeigentum
subj.	subjektiv
Successio	Zeitschrift für Erbrecht (Zürich/Basel/Genf)
SZ	Kt. Schwyz
TG	Kt. Thurgau
TI	Kt. Tessin (Ticino)
TREX	L'expert fiduciare = der Treuhandexperte: offizielles Organ des Schweizerischen Treuhandverbandes (Zürich)
u.j.	unterjährig
UR	Kt. Uri

usw.	und so weiter
u.U.	unter Umständen
UVG	BG vom 20. März 1981 über die Unfallversicherung, SR 832.20
v.a.	vor allem
VD	Kt. Waadt (État de Vaud)
VerwGer	Verwaltungsgericht
vgl.	vergleiche
Vorbem.	Vorbemerkung / Vorbemerkungen
VS	Kt. Wallis (Valais)
VSS	Voraussetzung / Voraussetzungen
VSt	Verrechnungssteuer
VStG	BG vom 13. Oktober 1965 über die Verrechnungssteuer (Verrechnungssteuergesetz), SR 642.21
VVAG	Verordnung des Bundesgerichts vom 17. Januar 1923 über die Pfändung und die Verwaltung von Anteilen an Gemeinschaftsvermögen, SR 281.41
VVG	BG vom 2. April 1908 über den Versicherungsvertrag, SR 221.229.1
VwGer	Verwaltungsgericht
VwVG	BG vom 20. Dezember 1968 über das Verwaltungsverfahren, SR 172.021
z.B.	zum Beispiel
ZBJV	Zeitschrift des Bernischen Juristenvereins (Bern)
ZG	Kt. Zug
ZGB	Schweizerisches Zivilgesetzbuch vom 10. Dezember 1907, SR 210
ZH	Kt. Zürich
Ziff.	Ziffer / Ziffern
zit.	zitiert
ZSR	Zeitschrift für Schweizerisches Recht (Basel)
z.T.	zum Teil

Literaturverzeichnis

BK-Bearbeiter/-in   Berner Kommentar zum Schweizerischen Privatrecht, Bern ab 1910, unterschiedliche Auflagen, die Nachweise beziehen sich auf die laufende Auflage

Breitschmid, Aufsicht   Breitschmid Peter, Behördliche Aufsicht über den Willensvollstrecker, in: Druey Jean Nicolas/Breitschmid Peter (Hrsg.), Willensvollstreckung, St. Galler Studien zum Privat-, Handels- und Wirtschaftsrecht, Band 62, Bern/Stuttgart/Wien 2001, S. 149 ff.

Breitschmid, Höchstpersönlichkeit   Breitschmid Peter, Das Prinzip materieller Höchstpersönlichkeit letztwilliger Anordnungen – ein Diskussionsbeitrag, in: Geiser Thomas et al. (Hrsg.), Privatrecht im Spannungsfeld zwischen gesellschaftlichem Wandel und ethischer Verantwortung – Beiträge zum Familienrecht, Erbrecht, Persönlichkeitsrecht, Haftpflichtrecht, Medizinalrecht und allgemeinen Privatrecht, Festschrift für Heinz Hausheer zum 65. Geburtstag, Bern 2002, S. 477 ff.

Breitschmid, Stellung   Breitschmid Peter, Die Stellung des Willensvollstreckers in der Erbteilung, in: Druey Jean-Nicolas/Breitschmid Peter (Hrsg.), Praktische Probleme der Erbteilung, St. Galler Studien zum Privat-, Handels- und Wirtschaftsrecht, Band 46, Bern/Stuttgart/Wien 2001, S. 109 ff.

Breitschmid, Umgang   Breitschmid Peter, Vom Umgang des Willensvollstreckers mit Nachlassbeteiligten und Behörden, in: Künzle Hans Rainer (Hrsg.), Willensvollstreckung – Aktuelle Rechtsprobleme, Referate des Weiterbildungsseminars der Universität St. Gallen vom 30. September 2003, Zürich/Basel/Genf 2004, S. 159 ff.

Brunner   Brunner Geneviève, Der Tod des Bankkunden, Rechtsprobleme bei der Vererbung der Bankbeziehung aus schweizerischer Sicht, Diss. St. Gallen, Zürich/Basel/Genf 2011

BSK ZGB I-Bearbeiter/-in   Honsell Heinrich et al. (Hrsg.), Basler Kommentar, Zivilgesetzbuch I, Art. 1–456 ZGB, 6. Aufl., Basel 2018

BSK ZGB II-Bearbeiter/-in   Honsell Heinrich et al. (Hrsg.), Basler Kommentar, Zivilgesetzbuch II, Art. 457–977 ZGB, Art. 1–61 SchlT ZGB, 5. Aufl., Basel 2015

Bumann
 Bumann Pius, Wertveränderungen des Nachlassvermögens zwischen Todestag und Teilungstag, successio 2012, S. 310 ff.

CHK-Bearbeiter/in
 Amstutz Marc et al. (Hrsg.), Handkommentar zum Schweizer Privatrecht, 3. Aufl., Zürich/Basel/Genf 2016

Derksen
 Derksen Hans Peter, Pflichten und Aufgaben eines Willensvollstreckers – Schilderung eines Falles aus der Standeskommission des STV (Zusammenfassung des Entscheides), TREX 2008, S. 41 ff.

Eggel
 Martin Eggel, Beständigkeit von der Erbteilung zugrunde gelegten Verkehrswertgutachten in späteren Auseinandersetzungen, successio 2017, S. 4 ff.

Eitel
 Paul Eitel, Die Pflichtteilsberechnungsmasse, ZBJV 154/2018, S. 451 ff.

Flückiger
 Flückiger Andreas, Das Honorar des Willensvollstreckers, in: Künzle Hans Rainer (Hrsg.), Willensvollstreckung – Aktuelle Rechtsprobleme (2), Referate der Weiterbildungsseminare an der Universität St. Gallen vom 7. September 2004 und 1. September 2005, Zürich/Basel/Genf 2006, S. 201 ff.

Geiser
 Geiser Thomas, Sorgfalt in der Vermögensverwaltung durch den Willensvollstrecker, successio 2007, S. 178 ff.

Göksu
 Göksu Tarkan, Informationsrechte der Erben, AJP 2012, S. 953 ff.

HaftpflichtKomm-Bearbeiter/-in
 Fischer Willi/Luterbacher Thierry (Hrsg.), Kommentar zu den schweizerischen Haftpflichtbestimmungen, Zürich/St. Gallen, Dezember 2016

Harmann
 Harmann Robert, Berücksichtigung latenter Grundstückgewinnsteuern in der Erbteilung im Kanton Zürich, successio 2016, S. 297 ff.

Hux
 Hux Thomas, Die Anwendbarkeit des Auftragsrechts auf die Willensvollstreckung, die Erbschaftsverwaltung, die Erbschaftsliquidation und die Erbenvertretung, Diss. Entlebuch 1985

Iten, Erbvorbezugsgemeinschaft
 Iten Marc'Antonio, Die Erbvorbezugsgemeinschaft in der Zürcher Steuerpraxis, TREX 2018, S. 352 ff.

ITEN, Schwarzer Peter	Iten Marc'Antonio, Vom Schwarzen Peter im Erbrecht: Haftet der Nachlass, die überlebende Ehegattin, der Willensvollstrecker oder haften die Erben?, TREX 2017, S. 76 ff.
ITEN, Übertragung	Iten Marc'Antonio, Übertragung von Aufgaben an Dritte: Wie weit haften Willensvollstrecker?, TREX 2014, S. 98 ff.
ITEN, Verantwortlichkeit	Iten Marc'Antonio, Die zivilrechtliche Verantwortlichkeit des Willensvollstreckers, Sorgfaltspflichten und andere ausgewählte Rechtsprobleme, Diss. Luzern, Zürich/Basel/Genf 2012
ITEN/JANSEN	Iten Marc'Antonio/Jansen Lothar Matthias, Erbschafts- und Schenkungssteuern heute und morgen, TREX 2015, S. 78 ff.
JERMANN	Jermann Andreas, Honorar und Rechenschaftspflicht des Willensvollstreckers, TREX 2009, S. 164 ff.
JOST	Jost Arthur, Der Willensvollstrecker – Ein Leitfaden für die Praxis, Zürich 1953
KAHNEMANN	Kahnemann Daniel, Schnelles Denken, Langsames Denken, München 2012
KÜNZLE, Auskunfts- pflichten	Künzle Hans Rainer, Auskunftspflichten gegenüber Erben, successio 2012, S. 256 ff.
KÜNZLE, Digitaler Nachlass	Künzle Hans Rainer, Digitaler Nachlass nach schweizerischem Recht, successio 2015, S. 39 ff.
KÜNZLE, Erbteilung	Künzle Hans Rainer, Der Willensvollstrecker in der Erbteilung, successio 2013, S. 309 ff.
KÜNZLE, Interessen- kollision	Künzle Hans Rainer, Interessenkollision im Erbrecht: Willensvollstrecker, Notar, Anwalt, SJZ 2012, S. 1 ff.
KÜNZLE, Praxisfälle	Künzle Hans Rainer, Willensvollstreckung, 10 kleine Fälle aus der Praxis, in: Schmid Jürg (Hrsg.), Nachlassplanung und Nachlassteilung, Beiträge der Weiterbildungsseminare der Stiftung Schweizerisches Notariat vom 27. August 2013 in Zürich und vom 12. September 2013 in Lausanne, Zürich/Basel/Genf 2014, S. 407 ff.
KÜNZLE, Willens- vollstrecker	Künzle Hans Rainer, Der Willensvollstrecker im schweizerischen und US-amerikanischen Recht, Habil. Zürich 2000

KÜNZLE/LYK, Steuerverfahren 1	Künzle Hans Rainer/Lyk Christian, Die Stellung des Willensvollstreckers im Steuerverfahren – Teil 1, StR 2010, S. 123 ff.
KÜNZLE/LYK, Steuerverfahren 2	Künzle Hans Rainer/Lyk Christian, Die Stellung des Willensvollstreckers im Steuerverfahren – Teil 2, StR 2010, S. 182 ff.
MALLA	Malla Jasmin, Willensvollstrecker und Erben im Steuerrecht, Diss. Zürich/Basel/Genf 2016
MÜLLER	Müller Bertold, Leitfaden für Kunstnachlässe – für Erben, Willensvollstrecker und ihre Berater, ST 2011, S. 177 ff.
PICHLER, Familienunternehmen	Pichler Markus, «Familienunternehmen» im Nachlass – Aufgaben und Rechtsstellung des Willensvollstreckers, REPRAX 3/2012, S. 16 ff.
PICHLER, Stellung	Pichler Markus, Die Stellung des Willensvollstreckers in «nichterbrechtlichen» Zivilprozessen – unter besonderer Berücksichtigung der Stellung der Erben, Diss. Zürich/Basel/Genf 2011
PraxKomm Erbrecht-BEARBEITER/IN	Abt Daniel/Weibel Thomas (Hrsg.), Praxiskommentar Erbrecht, Nachlassplanung, Nachlassabwicklung, Willensvollstreckung, Prozessführung, 3. Aufl., Basel 2015
RIEMER-KAFKA	Riemer-Kafka Gabriela, Stellung der Erben und des Willensvollstreckers im Sozialversicherungsrecht, in: Riemer-Kafka Gabriela (Hrsg.), Sozialversicherungsrecht: seine Verknüpfungen mit dem ZGB, Luzerner Beiträge zur Rechtswissenschaft, Band 112, Zürich 2016, S. 145 ff.
ROBERTO/GRECHNING	Roberto Vito/Grechning Kristoffel, Rückschaufehler («Hindsight Bias») bei Sorgfaltspflichten, ZSR 2011, S. 5 ff.
SCHWEIZER/BRUCKER-KLEY	Schweizer Matthias/Brucker-Kley Elke, Der digitale Nachlass: Sterben und Erben im Internetzeitalter, TREX 2014, S. 36 ff.
STRAZZER	Strazzer René, Die Vergütung des Willensvollstreckers – Länderbericht Schweiz, in: Künzle Hans Rainer (Hrsg.), 1. Schweizerisch-deutscher Testamentsvollstreckertag, Schweizer Schriften zur Vermögensberatung und zum Vermögensrecht, Band 13, Zürich/Basel/Genf 2017, S. 105 ff.

STUDER   Studer Benno, Testament, Erbschaft, Ein Ratgeber aus der
                Beobachter-Praxis, 13. Aufl., Zürich 2005

WETZEL   Wetzel Claude, Interessenkonflikte des Willensvollstre-
                ckers, Diss. Zürich 1985

ZEITER   Zeiter Alexandra, Wertveränderungen zwischen Erbgang
                und Erbteilung, in: Eitel Paul/Zeiter Alexandra (Hrsg.),
                Kaleidoskop des Familien- und Erbrechts, Liber ami-
                carum für Alexandra Rumo-Jungo, Zürich/Basel/Genf
                2014, S. 281 ff.

I. Einführung in die Aufgaben und Befugnisse von Willensvollstreckern

Die Erbteilung ist das Ziel jeder Willensvollstreckung. Daraus ergeben sich 1
die beiden wichtigsten Aufgaben eines Willensvollstreckers: rasch die **Handlungsfähigkeit** der Erbengemeinschaft zu gewährleisten und sämtliche **Vermögenswerte** der Erbschaft (Hausrat, Bankguthaben, Wertschriften, Immobilien, Beteiligungen an Unternehmen etc.) auf die berechtigten Erben und Vermächtnisnehmer zu überführen.

Willensvollstrecker **verhandeln** mit Ämtern, Banken, Behörden, Ehegatten, 2
Erben, Nachlassgläubigern, Vermächtnisnehmern und Versicherungen mit dem Ziel, einen korrekten und sinnvollen Übergang des Nachlassvermögens vom Erblasser auf seine Rechtsnachfolger zu ermöglichen.

Die Angehörigen vieler Erblasser sind überfordert von den zahlreichen administrativen Aufgaben, die mit einem Erbgang einhergehen, und die meisten 3
wollen so wenig wie möglich damit zu tun haben. Darum wird die Willensvollstreckung als professionelle **Dienstleistung** angeboten und in Anspruch genommen.

Willensvollstrecker brauchen klare **Richtlinien,** nach denen sie ihre Mandate 4
führen können, damit die Erben sie nicht bei ihrer Arbeit blockieren oder nachträglich zivilrechtlich zur Verantwortung ziehen können. Wie andere Dienstleister müssen auch Willensvollstrecker einer ganzen Reihe von Anforderungen genügen, damit sie vor Schadenersatzforderungen geschützt sind.[1]
Die vorliegende Arbeit klärt diese **Anforderungen**[2] und beleuchtet die **Aufgaben**[3] und **Befugnisse**[4] von Willensvollstreckern.

A. Gesetzliche Regelung

Das Schweizer ZGB regelt die Willensvollstreckung in den beiden Art. 517 und 5
518. Gemäss Art. 518 Abs. 2 ZGB haben Willensvollstrecker den Willen der

---

1 Breitschmid, Umgang, S. 160 ff.
2 N 7 ff.
3 N 31 ff.
4 N 79 ff.

Erblasser zu vertreten und gelten insbesondere als beauftragt, die Erbschaft zu verwalten, die Schulden zu bezahlen, die Vermächtnisse auszurichten und die Teilung nach den Anordnungen der Erblasser oder nach Vorschrift des Gesetzes auszuführen.

6   Die Willensvollstreckung ist ein **privatrechtliches Institut eigener Art** (sui generis), das als privatrechtliches Amt bezeichnet werden kann.[5] Wo besondere erbrechtliche Normen fehlen, wird auf Willensvollstreckungen **Auftragsrecht** (Art. 394 ff. OR) **analog** angewendet.[6]

B. Anforderungen

7   Als Willensvollstrecker kommen natürliche oder juristische Personen wie Treuhänder, Anwälte, Notare, Banken oder Familienangehörige infrage. Die Wahl einer **natürlichen Person** ist mit gewichtigen Risiken verbunden: Willensvollstrecker können arbeits- und/oder handlungsunfähig werden, sie können vor den Erblassern sterben, oder sie möchten das Amt vielleicht gar nicht übernehmen.[7]

8   Das Amt eines Willensvollstreckers ist **höchstpersönlich** und damit weder übertragbar noch vererblich.[8] Wenn geeignete Ersatzverfügungen im Testament fehlen, kann die Ernennung des Willensvollstreckers bedeutungslos werden.[9] Nicht zuletzt deswegen fällt die Wahl immer häufiger auf **juristische Personen** wie Anwaltskanzleien, Banken oder Treuhandgesellschaften. Verhinderungsgründe sind damit praktisch ausgeschlossen. Denn juristische Personen sind stets präsent und permanent handlungsfähig, meistens über mehrere Generationen hinweg. Die Hausbank oder der Treuhänder ist mit der vermögensrechtlichen Situation des Erblassers vertraut und kennt oft auch seine familiären Verhältnisse.[10]

---

5   Iten, Verantwortlichkeit, N 11 ff.; PraxKomm Erbrecht-Christ/Eichner, Art. 517 ZGB N 5.
6   BGE 101 II 47, E. 2; BSK ZGB II-Karrer/Vogt/Leu, Art. 518 ZGB N 12; Künzle, Willensvollstrecker, S. 84, 164 ff. und 336 ff.
7   N 21.
8   Iten, Verantwortlichkeit, N 33 und 168.
9   N 20 f.
10 Derselbe, a.a.O. N 196 ff.

1. Persönliches

Volle **Handlungsfähigkeit** (Art. 12 ff. ZGB) ist die Hauptvoraussetzung dafür, 9
dass Willensvollstrecker ihr Amt wahrnehmen können.[11] Ob es sich beim Willensvollstrecker um eine natürliche oder eine juristische Person handelt, ist nicht massgebend.[12]

Fachkompetenz ist eine weitere Grundvoraussetzung für jede professionelle 10
Willensvollstreckung. Willensvollstreckern kann (vor-)schnell vorgeworfen werden, dass sie ihre Aufgaben nicht erfüllt oder ihre Befugnisse überschritten haben, was die Mandatsführung erschwert. Wenn Willensvollstrecker nicht kompetent sind, sollten sie ihr Amt niederlegen, sich das erforderliche Wissen aneignen oder rechtzeitig geeignete Fachpersonen beiziehen.[13]

Eine reibungslose Mandatsführung ist nur gewährleistet, wenn die Person des 11
Willensvollstreckers **vertrauenswürdig** ist. Deshalb ist es wichtig, dass Willensvollstrecker ein sauberes Betreibungs- und Strafregister haben. Betreibungen und Strafverfahren können eine Absetzung rechtfertigen.[14]

2. Unabhängigkeit

Die persönlichen Interessen eines Willensvollstreckers dürfen nicht mit seinen 12
Aufgaben[15] kollidieren.[16] Potenzielle **Interessenkonflikte** können das Mandat eines Willensvollstreckers erheblich beeinträchtigen und bei einer konkreten Gefährdung des Nachlassvermögens sogar zu seiner Absetzung führen.[17] Deshalb ist es unabdingbar, dass Willensvollstrecker das Nachlassvermögen bei latenten Interessenkonflikten auf keinen Fall gefährden.[18]

Besteht **von Anfang an** eine Interessenkollision, sollten Willensvollstrecker 13
dies gegenüber den Erben offen thematisieren, bevor sie ihr Amt antreten. Dadurch lassen sich spätere Konflikte mit den Erben möglicherweise entschärfen.[19]

---

11 BK-KÜNZLE, Art. 517–518 ZGB N 2.
12 DERSELBE, a.a.O. N 1; PraxKomm Erbrecht-CHRIST/EICHNER, Art. 517 ZGB N 12.
13 N 139.
14 N 155 f.
15 N 31 ff.
16 BGer 2C_933/2018 vom 25.3.2019, E. 5.3.
17 N 155 f.
18 KÜNZLE, Interessenkollision, S. 2; WETZEL, N 296 ff.
19 DERSELBE, Praxisfälle, S. 420 f.

14 Zeichnet sich die Interessenkollision erst **im Lauf der Amtsführung** ab, sollten Willensvollstrecker den Konflikt unaufgefordert und zeitnah offenlegen und nach Möglichkeit die Einwilligung der Erben für die weitere Mandatsführung einholen (Haftungsprävention).[20]

---

15 **Praxistipps:**[21]

- Willensvollstecker sollen ihr persönliches Vermögen konsequent vom Nachlassvermögen abgrenzen. Jede Form von Mischgeschäften (wie zum Beispiel private Kredite aus Mitteln der Erbschaft) ist zu vermeiden.

- Grundsätzlich unzulässig sind der Selbsteintritt und die Doppelvertretung durch Willensvollstecker (bspw. Verkauf einer Liegenschaft als Willensvollstrecker und Kauf der Liegenschaft als Privatperson).

- Besondere Risiken ergeben sich für Banken und Vermögensverwalter als Willensvollstrecker: Problematisch sind einerseits Fälle, in denen Willensvollstrecker in der Verwaltung des Nachlassvermögens primär hauseigene Produkte einsetzen. Dasselbe gilt mit Bezug auf das sogenannte Churning, also das häufige Umschichten von Wertschriften in Depots von Erblassern, um zusätzliche Kommissionen zu generieren. Die Tätigkeit der Willensvollstreckung und der Vermögensverwaltung sind personell zu trennen («Chinese Walls»).

- Einem Willensvollstrecker, der früher Rechtsberater des Erblassers war, kann nicht ohne Weiteres ein Interessenkonflikt vorgeworfen werden, solange er sich bei der Nachlassplanung im Rahmen des Zulässigen bewegt.

- Willensvollstrecker, die mit Anwälten der Erben in einer Bürogemeinschaft zusammenarbeiten, gelten nicht als unabhängig (virtuelle Interessenkollision). Es gibt aber Ausnahmen.

- Ehegatten und Erben können als Willensvollstrecker tätig werden, sofern sie sich jeglicher Handlungen enthalten, die ihren eigenen Erbanteil betreffen.

- Interessenkonflikte bei Personengesellschaften: Willensvollstrecker und Erblasser waren beide Mitglieder einer einfachen Gesellschaft. Nach dem Tod des Erblassers übernimmt der Willensvollstrecker kraft seines Amts zusätzlich die Verwaltungsbefugnis der Erben und kontrolliert die Gesellschaft damit faktisch allein (Selbsteintritt).

- Interessenkonflikt bei Kapitalgesellschaften: Zum Nachlassvermögen gehören Aktien eines Unternehmens, an dem auch der Willensvollstrecker beteiligt ist.

---

20 KÜNZLE, Interessenkollision, S. 2; BK-KÜNZLE, Art. 517–518 ZGB N 10.
21 Beispiele zitiert aus ITEN, Verantwortlichkeit, N 535 m.w.H.

> Durch sein Mandat als Willensvollstrecker eines Mitaktionärs erlangt er die faktische Aktienmehrheit.
>
> – Unbedenklich sind m.E. Geschäfte, die entweder den Erben nur Vorteile bringen (Absichern durch Einholen von Konkurrenzofferten, Inserate etc.) oder die zumindest «at arm's length» erfolgen (Börsen- oder Marktwert), sofern eine Doppelvertretung den Erben im Voraus offengelegt wird. Liegt kein Marktwert vor, werden die Vermögenswerte idealerweise versteigert, entweder öffentlich oder unter den Erben.

3. Infrastruktur

Willensvollstrecker müssen über die organisatorische, personelle und räumliche **Ausstattung** verfügen, die für eine reibungslose Durchführung ihrer Mandate notwendig ist.[22]   16

Willensvollstrecker dürfen nur so viele Mandate annehmen, wie sie problemlos parallel führen können. Ansonsten riskieren sie eine Haftung aus **Übernahmeverschulden**.[23]   17

C. Ernennung

Erblasser können zu Lebzeiten einen Willensvollstrecker ernennen durch eine einseitige, jederzeit frei widerrufbare **letztwillige Verfügung** (ein Testament oder eine letztwillige Verfügung in einem Erbvertrag).[24] Letztwillige Verfügungen und damit auch die Ernennung des Willensvollstreckers entfalten ihre Wirkungen erst mit dem Tod der testierenden Person, also mit der Eröffnung des Erbgangs (Art. 537 Abs. 1 ZGB).[25]   18

---

22 BK-KÜNZLE, Art. 517–518 ZGB N 129; BSK ZGB II-KARRER/VOGT/LEU, Art. 518 ZGB N 16 m.w.H.
23 N 178 f.
24 BSK ZGB II-KARRER/VOGT/LEU, Art. 517 ZGB N 1 f. m.w.H.; PraxKomm Erbrecht-CHRIST/EICHNER, Art. 517 ZGB N 9.
25 ITEN, Verantwortlichkeit, N 161 m.w.H.

19

Abb. 2: Nachlass frühzeitig regeln.
Quelle: Dr. Strebel, Dudli + Fröhlich Steuerberatung und Treuhand AG, Zürich

20 Aufgrund der **materiellen Höchstpersönlichkeit** letztwilliger Verfügungen[26] sind Willensvollstrecker durch die Erblasser im Testament genau zu bezeichnen.[27] Eine Übertragung (Delegation) des formellen Willensvollstreckerstatus auf eine andere Person ist ebenso ausgeschlossen wie eine Bevollmächtigung im Testament, wonach Willensvollstrecker durch Dritte bestimmt werden können.[28]

21 Wer ein Testament schreibt, sollte auch daran denken, dass die ernannten Willensvollstrecker ihr Amt später möglicherweise nicht antreten können oder wollen. Daher ist es sinnvoll, im Testament geeignete **Ersatzverfügungen** vorzusehen.[29]

---

26 BREITSCHMID, Höchstpersönlichkeit, S. 477 ff.
27 BSK ZGB II-KARRER/VOGT/LEU, Art. 517 ZGB N 5.
28 BK-KÜNZLE, Art. 517–518 ZGB N 18; PraxKomm Erbrecht-CHRIST/EICHNER, Art. 517 ZGB N 12.
29 BSK ZGB II-KARRER/VOGT/LEU, Art. 517 ZGB N 6.

D. Dauer

1. Beginn

Das Amt der Willensvollstrecker beginnt, sobald sie vom Tod der Erblasser 22
Kenntnis haben und ihr **Mandat** tatsächlich **antreten** (bspw. durch Annahmeerklärung oder durch konkludentes Handeln für den Nachlass).[30]

Die Mitteilung ihrer Ernennung erfolgt von Amtes wegen durch die zuständige 23
Behörde.[31] Die formelle Amtseinsetzung durch die Ausstellung eines **Willensvollstreckerzeugnisses** hat rein deklarorischen Charakter.[32] Das Willensvollstreckerzeugnis ist eine behördliche **Legitimationsurkunde** und hat keinen Einfluss auf die Entstehung des Willensvollstreckermandats. Es dient den
Willensvollstreckern gegenüber Banken, Behörden und Dritten als Nachweis
ihrer Ernennung und der Annahme des Mandats.[33]

Finden Willensvollstrecker ein zu geringes Nachlassvermögen vor, sollten sie 24
ihr Amt möglicherweise aus Kostengründen **nicht antreten,** wenn sämtliche
Erben dies wünschen.[34] Dies darf aus Rücksicht auf den Willen der Erblasser
nicht vorschnell und nur bei Einstimmigkeit der Erben geschehen.

2. Ende

Willensvollstreckungen enden mit dem Abschluss der **Erbteilung,** der **Abset-** 25
zung durch die Aufsichtsbehörde[35] oder durch eine einseitige **Amtsniederlegung.**

In der **Erbteilung** wird das Nachlassvermögen mit Aktiven und Passiven aus 26
dem Gesamteigentum der Erben in das Allein- oder Miteigentum der Berechtigten überführt (Art. 602 Abs. 2 ZGB).[36] Dies geschieht entweder durch den
Vollzug eines **Erbteilungsvertrags** (Art. 634 ZGB), einer **Realteilung** (Art. 634
ZGB) oder eines gerichtlichen **Urteils** (Art. 604 ZGB). Mit der vollständigen

---

30 PraxKomm Erbrecht-Christ/Eichner, Art. 517 ZGB N 23; Pichler, Stellung, S. 15.
31 Kantonale Übersicht im Anhang (Erbschaftsverfahren).
32 BSK ZGB II-Karrer/Vogt/Leu, Art. 517 ZGB N 14; PraxKomm Erbrecht-Christ/
    Eichner, Art. 517 ZGB N 17.
33 Vgl. BSK ZGB II-Karrer/Vogt/Leu, Art. 517 ZGB N 18.
34 Breitschmid, Aufsicht, N 3.
35 N 155.
36 N 372.

Erbteilung löst sich die **Erbengemeinschaft**[37] von Gesetzes wegen auf, womit auch die Willensvollstreckung endet.[38] Als Erbteilung gilt auch die Beendigung der Erbengemeinschaft durch deren **Umwandlung** in eine einfache Gesellschaft.[39]

27   Ausnahmsweise kann die Tätigkeit von Willensvollstreckern über die Teilung des Nachlasses hinaus ausgedehnt werden (**Dauerwillensvollstreckung**). Voraussetzung ist zum einen eine klare und eindeutige letztwillige Verfügung der Erblasser, die zum anderen die Pflichtteile der Erben nicht verletzt und von diesen nicht mit einer Herabsetzungsklage im Sinne von Art. 522 Abs. 1 ZGB angefochten wird.[40] Eine Dauerwillensvollstreckung endet erst mit dem Abschluss der Massnahme, für deren Erfüllung sie der Erblasser angeordnet hat, bzw. durch eine vorzeitige Amtsniederlegung.[41]

28   Willensvollstrecker haben ein einseitiges, grundsätzlich freies Kündigungsrecht.[42] Bevor sie ihre **Amtsniederlegung** (Demission) gegenüber den Erben sowie der zuständigen Behörde[43] erklären, sollten sie beachten, dass mit einem Rücktritt zur Unzeit ein Haftungsrisiko einhergeht (Art. 404 Abs. 2 OR analog).[44]

3. Unterbrechung (Sistierung)

29   In folgenden Fällen werden Willensvollstreckungen **vorübergehend** unterbrochen bzw. eingeschränkt:

- Erbschaftsverwaltung nach Art. 554 ZGB;
- Aufnahme eines öffentlichen Inventars nach Art. 580 ff. ZGB;
- amtliche Liquidation nach Art. 596 f. ZGB.

30   Willensvollstreckungen leben nach **Abschluss** dieser Massnahmen wieder auf.[45]

---

37   N 81.
38   PraxKomm Erbrecht-CHRIST/EICHNER, Art. 517 ZGB N 24.
39   N 454 ff.
40   BGer 5A_914/2013 vom 4.4.2014, E. 3.4; PraxKomm Erbrecht-CHRIST/EICHNER, Art. 517 ZGB N 14a.
41   BGer 5A_914/2013 vom 4.4.2014, E. 3.4.
42   HUX, S. 113.
43   Kantonale Übersicht im Anhang (Erbschaftsverfahren).
44   PraxKomm Erbrecht-CHRIST/EICHNER, Art. 518 ZGB N 4.
45   DIESELBEN, Art. 517 ZGB N 29.

E. Aufgaben

Die Willensvollstreckung besteht im Kern aus einem **Auftrag,**[46] der **sorgfäl-** 31
tig[47] erfüllt werden will.

Zur Umsetzung ihres Auftrages verfügen Willensvollstrecker über weitge- 32
hende und mehrheitlich **exklusive Kompetenzen.**[48] Dadurch wird die Rechtsstellung der Erben im Erbgang stark eingeschränkt. Der Gesetzgeber hat
diesem Umstand Rechnung getragen, indem er eine **umfassende Verantwort-**
lichkeit der Willensvollstrecker gegenüber den Erben, Vermächtnisnehmern
und Nachlassgläubigern statuiert hat.[49]

1. Auftrag

Gemäss Art. 518 Abs. 2 ZGB gelten Willensvollstrecker ohne anderslautende 33
letztwillige Verfügung als beauftragt, den Willen der Erblasser zu vertreten und
zu diesem Zweck insbesondere:

- die Erbschaft zu verwalten (**Erben**),
- die Schulden zu tilgen (**Nachlassgläubiger**),
- die Vermächtnisse auszurichten (**Vermächtnisnehmer**),
- die Teilung vorzubereiten und sie nach Massgabe des Erbteilungsvertrags
  der Erben zu vollziehen.

Die einzelnen Aufgaben werden im **Gesetz** nur rudimentär umschrieben. Das 34
ZGB reicht daher nicht aus, um ein Willensvollstreckungsmandat effizient und
sicher zu führen. Darum müssen praktisch tätige Willensvollstrecker zusätzlich die einschlägige **Rechtsprechung** und **Lehre** konsultieren.

Wo besondere erbrechtliche Normen fehlen, wird auf Willensvollstreckungen 35
Auftragsrecht (Art. 394 ff. OR) **analog** angewendet.[50] Willensvollstrecker sind
gegenüber den Erben, Vermächtnisnehmern und Nachlassgläubigern **zivil-**
rechtlich verantwortlich, wenn sie ihren Auftrag nicht oder schlecht erfüllen.[51]

---

46 N 33 ff.
47 N 50 ff.
48 N 93.
49 N 140 ff.
50 BGE 101 II 47, E. 2; BSK ZGB II-Karrer/Vogt/Leu, Art. 518 ZGB N 12; Iten, Verant-
    wortlichkeit, N 33 ff.; Künzle, Willensvollstrecker, S. 84, 164 ff. und 336 ff.
51 N 161 ff.

a. Primärer Leistungsauftrag

36 Ist der Umfang eines Auftrags nicht ausdrücklich definiert worden, so bestimmt er sich nach der **Natur** des zu besorgenden **Geschäfts** (Art. 396 Abs. 1 OR). Das Geschäft von Willensvollstreckern wird im gesetzlichen Aufgabenkatalog in Art. 518 Abs. 2 ZGB beschrieben: Der primäre Leistungsauftrag ist die **Vertretung** des **letzten Willens** der **Erblasser.** Dabei handelt es sich um eine Art Generalklausel, die die Erblasser bei Bedarf konkretisieren können.[52]

37 Ausgangslage für die Konkretisierung des primären Leistungsauftrages von Willensvollstreckern sind in erster Linie die **Verfügungen von Todes wegen** (Testament und Erbvertrag) der Erblasser.[53]

38 Der erblasserische Wille ist nicht zwingend an eine Form gebunden, weshalb sämtliche Willensäusserungen relevant sein können, sofern sie auf den **Willen** der **Erblasser** am **Ende** ihres **Lebens** schliessen lassen.[54]

39 Die Vertretung des letzten Willens der Erblasser umfasst ausnahmsweise auch gewisse **persönlichkeitsbezogene Anordnungen,** die formell nicht in einer letztwilligen Verfügung zum Ausdruck gebracht wurden (bspw. Anordnungen für den Todesfall, Instruktionen der Erblasser über den Umgang mit Privatakten oder ihrem digitalen Nachlass etc.).[55] Willensvollstrecker sind keine Bestattungsunternehmen, weshalb die Umsetzung der Anordnungen für den Todesfall in erster Linie Sache der **Angehörigen** ist.[56] Haben Erblasser ihre Willensvollstrecker ausdrücklich mit der Durchführung beauftragt oder sind keine nahen Angehörigen unmittelbar verfügbar, so obliegt die Umsetzung den **Willensvollstreckern.**

40 Willensvollstrecker haben Testamente und Erbverträge so zu nehmen, wie sie **objektiv** zu verstehen sind.[57] Sie sind weder befugt, vermeintliche Lücken selbstständig zu füllen[58], noch mehrdeutige Klauseln verbindlich auszulegen.[59]

---

52 HaftpflichtKomm-Iten, Art. 518 ZGB N 34 m.w.H.
53 Vgl. PraxKomm Erbrecht-Christ/Eichner, Art. 517 ZGB N 3.
54 BSK ZGB II-Karrer/Vogt/Leu, Art. 518 ZGB N 3.
55 Dieselben a.a.O.; PraxKomm Erbrecht-Christ/Eichner, Art. 518 ZGB N 5.
56 PraxKomm Erbrecht-Christ/Eichner, Art. 518 ZGB N 5.
57 Iten, Verantwortlichkeit, N 560 m.w.H.
58 BGE 105 II 253, E. 3b und E. 3c.
59 Vgl. BSK ZGB II-Karrer/Vogt/Leu, Art. 518 ZGB N 9; PraxKomm Erbrecht-Christ/Eichner, Art. 518 ZGB N 3.

Sie können und sollen den Erben zwar **Auslegungsvorschläge** machen. Wenn sich die Erben nicht darauf einigen können, entscheiden die Gerichte.[60]

b. Sekundärer Leistungsauftrag

Ohne anderslautende letztwillige Anordnungen der Erblasser sollen Willens- 41
vollstrecker gemäss Art. 518 Abs. 2 ZGB die **Erbschaft verwalten,** die **Nachlassschulden tilgen,** die **Vermächtnisse ausrichten,** die **Erbteilung vorbereiten** (inkl. der güterrechtlichen Auseinandersetzung) und sie gemäss dem
Erbteilungsvertrag der Erben **vollziehen.**

Dieser sekundäre gesetzliche Leistungsauftrag ist einerseits dispositiv und 42
andererseits nicht abschliessend. **Dispositiv,** weil Erblasser den Aufgabenbereich
ihrer Willensvollstrecker gegenüber der gesetzlichen Regelung sowohl ausdehnen als auch einschränken können.[61] Aus der Formulierung der sekundären
Leistungspflichten in Verbindung mit dem Wort «insbesondere» geht hervor,
dass die Aufzählung im Gesetz **nicht abschliessend** ist.[62]

Der Willensvollstreckungsauftrag wird durch die anwendbare **güter-** und **erb-** 43
rechtliche Regelung sowie die **Struktur** des **Nachlassvermögens** bestimmt.
Dies sind m.a.W. die Faktoren, welche die Natur des zu besorgenden Geschäfts
(Art. 396 Abs. 1 OR analog) eines Willensvollstreckers im Einzelfall ausma-
chen.[63]

Im zweiten Teil dieses Handbuchs sind die konkreten Aufgaben detailliert 44
beschrieben, die der Auftrag eines Willensvollstreckers im Rahmen der **Sofortmassnahmen** nach dem Tod der Erblasser (Phase 2),[64] der **Inventarisation**
des Nachlassvermögens (Phase 3),[65] der **Verwaltung** der Erbschaft (Phase 4)[66]
sowie des Vollzugs der **Erbteilung** (Phase 5)[67] beinhalten kann. Die wichtigsten Massnahmen sind jeweils am Ende eines Kapitels in **Checklisten** für Willensvollstrecker zusammengefasst.[68]

---

60 KÜNZLE, Willensvollstrecker, S. 304 m.w.H.
61 BGE 142 III 9, E. 4.3.1.
62 HaftpflichtKomm-ITEN, Art. 518 ZGB N 34 m.w.H.
63 N 36.
64 N 224 ff.
65 N 255 ff.
66 N 357 ff.
67 N 545 ff.
68 N 254 Checkliste Phase 2; N 356 Checkliste Phase 3; N 544 Checkliste Phase 4; N 574
    Checkliste Phase 5.

c. Generalexekution als Normalfall

45 Ohne anderslautende letztwillige Verfügung der Erblasser gelten Willensvollstrecker als Generalexekutoren. Dies bedeutet, dass sie den sekundären **Leistungsauftrag**[69] gemäss Art. 518 Abs. 2 ZGB sowie die von der Rechtsprechung und Lehre daraus abgeleiteten Aufgaben **vollständig** zu erfüllen haben.[70]

46 Generalexekution ist in der Praxis die **Regel**. Sie gilt, wenn Erblasser im Testament einen Willensvollstrecker ernannt haben, ohne dessen Aufgaben ausdrücklich einzuschränken.

47 In einem beschränkten Umfang können Erblasser mit einem Testament den **Aufgabenbereich** über den sekundären Leistungsauftrag[71] i.S.v. Art. 518 Abs. 2 ZGB **ausdehnen** (bspw. eine Dauerwillensvollstreckung anordnen,[72] Liegenschaften in bestimmter Weise veräussern, Stiftungen gründen etc.), wobei solche Anordnungen im Bereich der Pflichtteilsrechte herabsetzbar sind.[73]

d. Spezialexekution als Ausnahme

48 Schränkt die letztwillige Verfügung den sekundären Leistungsauftrag[74] gemäss Art. 518 Abs. 2 ZGB ein, indem Willensvollstrecker ausdrücklich nur für **eine** oder **mehrere** klar definierte **Aufgaben** ernannt werden, gelten sie als Spezialexekutoren.[75] Dies bedeutet, dass sie nur diesen speziellen Auftrag zu erfüllen haben (bspw. Ausrichten eines Vermächtnisses, Mitwirkung am Steuerinventar, Verwaltung und/oder Veräusserung einer Liegenschaft etc.) und darüber hinaus keine weiteren Aufgaben und Befugnisse haben.

49 Spezialexekutionen kommen in der Praxis selten vor. Sie sind nur gültig, wenn aus der letztwilligen Verfügung **eindeutig** hervorgeht, dass für die verbleibenden Aufgaben die Erben zuständig sein sollen. Im Zweifelsfall gelten Willensvollstrecker als **Generalexekutoren**.[76]

---

69 N 41 ff.
70 Vgl. BGE 142 III 9, E. 4.3.1.
71 N 41 ff.
72 N 27.
73 BSK ZGB II-Karrer/Vogt/Leu, Art. 518 ZGB N 9; PraxKomm Erbrecht-Christ/ Eichner, Art. 518 ZGB N 10.
74 N 41 ff.
75 PraxKomm Erbrecht-Christ/Eichner, Art. 518 ZGB N 11.
76 Dieselben, a.a.O.

2. Sorgfalt

Willensvollstrecker sind verpflichtet, ihren Auftrag[77] **sorgfältig** zu erfüllen 50 (Art. 518 Abs. 2 ZGB i.V.m. Art. 398 Abs. 2 OR analog), und zwar von dem Moment an, in dem sie ihr Amt antreten, bis sie den Auftrag erfüllt haben oder ihr Amt vorzeitig niederlegen.[78]

Willensvollstrecker können und sollen grundsätzlich alles tun, was für die sorg- 51 fältige Abwicklung des **Erbgangs** und die getreue Verwirklichung des **erblas-serischen Willens** erforderlich ist. Sie haben alles zu unterlassen, was zu einer Schädigung des **Nachlassvermögens** führen könnte.[79]

Willensvollstreckern steht ein **breites Ermessen** zu, das nur im Bereich der Erb- 52 teilung eingeschränkt ist.[80] BREITSCHMID zufolge verfügen Willensvollstrecker über einen «Spielraum für Fehlentscheide», innerhalb dessen sie keine zivil-rechtliche Verantwortlichkeit trifft.[81] Willensvollstrecker haben m.a.W. einen breiten «Ermessensspielraum hinsichtlich zweckmässiger Massnahmen».[82] Ungeachtet dessen müssen sie ihr Ermessen **pflichtgemäss** ausüben.[83]

Das **Mass** der geschuldeten **Sorgfalt** richtet sich «nach dem Recht, Wissens- 53 stand und den Massstäben im Zeitpunkt der fraglichen Handlung oder Unter-lassung. Bei der Beurteilung von Sorgfaltspflichtverletzungen hat mithin eine ex ante Betrachtung stattzufinden [...].»[84] Die Gerichte sollen nach Möglich-keit versuchen, bei der Prüfung einer behaupteten Sorgfaltspflichtverletzung **Rückschaufehler** («Hindsight Bias»)[85] zu vermeiden – denn «nachträglich sind wir alle klüger».[86]

---

77 N 33 ff.

78 N 22 ff.

79 HaftpflichtKomm-ITEN, Art. 518 ZGB N 35 m.w.H.

80 BGer 5D_136/2015 vom 18.4.2016, E. 5.1; 5A_672/2013 vom 24.2.2014, E. 3.2.

81 BREITSCHMID, Aufsicht, N 4 sowie BREITSCHMID, Stellung, S. 124.

82 BGer 5A_672/2013 vom 24.2.2014, E. 3.2.

83 N 129 f.

84 BGE 139 III 24, E. 3.2 (aktienrechtliche Verantwortlichkeit).

85 ROBERTO/GRECHNING, S. 20 f.; grundlegend zum Thema Rückschaufehler: KAHNE-MANN, S. 251 ff.

86 ROBERTO/GRECHNING, S. 5.

54　Die Gerichte beurteilen die Sorgfalt von Willensvollstreckern nicht nach einem allgemein gültigen Massstab.[87] Die Definition der konkret geschuldeten Sorgfalt erfolgt in **drei Stufen:**[88]

55　Die **erste Stufe** dient der Ermittlung der allgemeinen Sorgfaltspflichten. Sie legt einen **Minimalstandard** fest, den alle Willensvollstrecker gewährleisten müssen, und zwar ungeachtet ihrer fachlichen Qualifikationen.[89]

56　In einer **zweiten Stufe** kann dieser Minimalstandard **verschärft** werden, wenn Willensvollstrecker über qualifizierte fachliche Eigenschaften verfügen.[90] Die Berücksichtigung subjektiver Merkmale kann nur zu einer gesteigerten Sorgfaltspflicht führen, da der allgemein gültige Minimalstandard nicht unterschritten werden darf.[91]

57　Schliesslich kann der Sorgfaltsmassstab in einer **dritten Stufe** aufgrund der Umstände des Einzelfalls **konkretisiert** werden. Das betrifft beispielsweise besonders komplexe Willensvollstreckungen oder besonders hohe finanzielle Risiken.[92]

58　**Praxisbeispiele:**[93]

- Selbst Willensvollstrecker-Laien müssen über das minimale Standardwissen aus dem Gebiet der Willensvollstreckung verfügen und es auch anzuwenden verstehen.

- Rechtfertigungsversuche wie z.B. ein schlechter Tag, mangelhafte Konzentration, Arbeitsüberlastung etc. sind keine Entschuldigung für eine unsorgfältige Mandatsführung.

- Unterdurchschnittlichkeit entschuldigt nicht; sie ist als Übernahmeverschulden[94] zu qualifizieren.

- Willensvollstrecker mit überdurchschnittlichem Wissen (qualifizierte Fachkenntnisse) können sich nicht auf durchschnittliches Fachwissen berufen: «Wissen ist müssen!»

- Besondere Qualifikationen erhöhen das Vertrauen des Rechts- und Geschäftsverkehrs. Willensvollstrecker, die über besondere fachliche Fähigkeiten verfügen, werden an Willensvollstreckern mit denselben Fähigkeiten gemessen.

87　HaftpflichtKomm-Iten, Art. 518 ZGB N 39.
88　Derselbe, a.a.O. N 41 m.w.H.
89　Derselbe, a.a.O. N 42 ff. m.w.H.
90　BGer 5A_290/2016 vom 30.3.2017, E. 2.2.
91　HaftpflichtKomm-Iten, Art. 518 ZGB N 45 f. m.w.H.
92　Derselbe, a.a.O. N 47 f. m.w.H.
93　Beispiele zitiert aus demselben, Verantwortlichkeit, N 505–509 m.w.H.
94　N 178 f.

– Wer über besondere Qualifikationen verfügt, muss sie auch einsetzen. Dazu zählen z.B. Diplome, akademische Grade oder andere Befähigungsausweise (Fachanwalt SAV Erbrecht usw.).

– Weniger als möglich ist immer unsorgfältig. Gleich viel oder mehr ist nicht zwingend sorgfältig.

– Wer sich als Spezialist anbietet, kann sich nicht mit der Begründung entlasten, dass der Erblasser den Mangel an Spezialkenntnissen hätte erkennen müssen (Haftung für erwecktes Vertrauen im Geschäftsverkehr).

– Höhere Anforderungen können an Rechtsanwälte und Notare als Willensvollstrecker gestellt werden. Erblasser dürfen von ihnen erwarten, dass sie ihr Amt mit gesteigerter Sorgfalt und Fachkenntnis führen.

– Anwälte, die regelmässig als Willensvollstrecker tätig sind, werden strenger beurteilt als Anwälte, die solche Mandate nur gelegentlich führen.

– Bei Banken und anderen Finanzdienstleistern werden strengere Anforderungen an die Qualität der Verwaltung des Nachlassvermögens gestellt.

– Bei Steuerberatern und Treuhändern werden strengere Anforderungen an die Nachlassbuchhaltung und die steuerlichen Aspekte der Erbteilung gestellt.

– Bei offensichtlich besonders anspruchsvollen und/oder riskanten Tätigkeiten ist die Gefahr eines Übernahmeverschuldens hoch.[95]

– Für professionelle, gewerbsmässige Willensvollstrecker gilt ein strengerer Sorgfaltsmassstab, und sie unterliegen einer stärkeren Effizienzkontrolle.[96]

3. Auskunft und Information

Der richtige **Umgang** mit Information ist ein zentrales Thema jeder Willensvollstreckung. Einerseits müssen Willensvollstrecker die Erben rechtzeitig und umfassend in ihre Entscheidungsprozesse miteinbeziehen.[97] Anderseits sollten sie **Auskünfte** und **Informationen** mit Bedacht erteilen, damit sie nicht zum Spielball der Ehegatten, Erben und Vermächtnisnehmer werden.[98]   59

a. Auskunft

Die Erben haben ein **individuelles Auskunftsrecht** gegenüber Willensvollstreckern (Art. 518 i.V.m. Art. 607 und Art. 610 ZGB analog sowie Art. 400 OR   60

---

95 N 178 f.
96 N 132 f.
97 BREITSCHMID, Stellung, S. 163.
98 Vgl. DERKSEN, S. 41 ff.

analog).[99] Es handelt sich um einen **zwingenden** Anspruch, der von Erblassern nicht wegbedungen werden kann.[100]

61 Der **Umfang** der Auskunftspflicht von Willensvollstreckern entspricht dem Auskunftsrecht der Erben (umfassend), Vermächtnisnehmer (beschränkt), Nachlassgläubiger (minimal) und der betreffenden Behörde (unterschiedlich).[101]

62 Willensvollstrecker sind verpflichtet, den Erben innert angemessener **Frist** Auskunft über den aktuellen Wert des Nachlassvermögens (Aktiven und Passiven), den aktuellen Verfahrensstand und die weiteren Schritte zu erteilen.[102] Sie haben den Erben grundsätzlich Einsicht in ihre Unterlagen zu gewähren.

63 Selbst wenn Willensvollstrecker im Amt sind, behalten die **Erben** ihr uneingeschränktes individuelles Auskunftsrecht gegenüber Ämtern, Banken, Versicherungen sowie weiteren Personen, mit denen die Erblasser vertraglich verbunden waren.[103]

b. Information

64 In bestimmten Konstellationen sind Willensvollstrecker verpflichtet, **aktiv zu informieren**.[104] Nur so verschaffen sie den Erben und anderen am Nachlass Berechtigten die Grundlage, um ihre Rechte wahrnehmen zu können (z.B. Ausgleichung, rechtzeitige Ausschlagung einer überschuldeten Erbschaft, Berechnung der Höhe eines Quotenvermächtnisses, Herabsetzung bei Pflichtteilsverletzungen, Geltendmachung der Ungültigkeit einer letztwilligen Verfügung etc.).[105]

65 Willensvollstrecker müssen in jeder Phase abwägen, **was** sie **wem, wann** und **in welcher Form** mitteilen sollen.[106]

---

99   BK-Künzle, Art. 517–518 ZGB N 65; derselbe, Willensvollstrecker, S. 264 f.; Wetzel, N 71 und 126.
100 Iten, Verantwortlichkeit, N 579 m.w.H.
101 Vgl. BK-Künzle, Art. 517–518 ZGB N 222; Breitschmid, Aufsicht, N 12; Wetzel, N 251.
102 BGE 90 II 376, E. 5; Künzle, Praxisfälle, S. 412 f.
103 Iten, Verantwortlichkeit, N 579 m.w.H.
104 Vgl. CHK-Künzle, Art. 517–518 ZGB N 45 ff. m.w.H.
105 Iten, Verantwortlichkeit, N 577 m.w.H.; vgl. Göksu, S. 953, wonach sich materiellrechtliche Ansprüche nur durchsetzen lassen, wenn die Anspruchsberechtigten die anspruchsbegründenden Tatsachen kennen und auch beweisen können.
106 N 199 Fünf-Phasen-Modell der Willensvollstreckung.

Nach Möglichkeit sollen alle **Erben gleichzeitig** und in der **gleichen Form** 66
informiert werden, damit sie denselben Informationsstand haben.[107] Aus
Gründen der Neutralität ist eine gewisse **Zurückhaltung** empfehlenswert bei
Informationen, die über die aktive Informationspflicht hinausgehen.[108] Schla-
fende Hunde sind nicht in jedem Fall zu wecken!

Willensvollstrecker sollten die Erben regelmässig über den aktuellen **Verfah-** 67
rensstand und geplante wichtige **Massnahmen** orientieren, mindestens einmal pro Jahr.[109] Dies ist insbesondere im Hinblick auf die **Haftungsprävention**
ratsam.[110] Denn fehlende oder fehlerhafte Informationen können eine zivilrechtliche Verantwortlichkeit der Willensvollstrecker auslösen.[111]

Praxisbeispiele:[112] 68

– Willensvollstrecker müssen die Erben und Vermächtnisnehmer im Voraus über Massnah-
  men informieren, die für sie bedeutend sind.
– Willensvollstrecker sollen die Erben auf die Möglichkeit einer Ungültigkeits- (Art. 519 ff.
  ZGB) oder Herabsetzungsklage (Art. 522 ff. ZGB) aufmerksam machen, ohne sie diesbezüg-
  lich zu beraten (Neutralität).[113]
– Sie orientieren die Erben über Rechtsmittelfristen in kantonalen Steuerverfahren.
– Willensvollstrecker können den Erben Kopien der laufenden Korrespondenz sowie der
  monatlichen Bankauszüge zur Orientierung zustellen.
– Grundsätzlich sind Willensvollstrecker gegenüber Nichterben zur Diskretion verpflichtet;
  den Vermächtnisnehmern sind sie nur beschränkt auskunftspflichtig.
– Die Weitergabe von Informationen an Dritte (z.B. an Abtretungsgläubiger nach Art. 635
  ZGB) bedarf einer besonderen Vereinbarung mit den Erben.
– Wenn das Interesse an der Geheimhaltung überwiegt, dürfen Willensvollstrecker Hinter-
  grundinformationen, die die Erblasser, aber nicht deren Vermögen betreffen, selbst gegen-
  über einzelnen Erben verschweigen (bspw. wenn die Erblasser das so gewünscht haben).
– Gegenüber kantonalen bzw. kommunalen Fürsorgeämtern sind Willensvollstrecker grund-
  sätzlich nicht auskunftspflichtig.

---

107   BGer 5A_672/2013 vom 24.2.2014, E. 9.1.
108   Gl.M. PraxKomm Erbrecht-CHRIST/EICHNER, Art. 518 ZGB N 34.
109   BK-KÜNZLE, Art. 517–518 ZGB N 409; BREITSCHMID, Aufsicht, N 11; JERMANN,
      S. 165; WETZEL, N 245.
110   N 180 ff.
111   BGE 142 III 9, E. 4.3.2.
112   Beispiele zitiert aus ITEN, Verantwortlichkeit, N 577, 580 m.w.H.
113   N 122.

— Auf Anfragen der Erben sollten Willensvollstrecker i.d.R. innerhalb von zwei bis drei Arbeitstagen schriftlich reagieren. Für Unterlagen zu Steuern und Liegenschaften dürfen sie mehr Zeit beanspruchen. Dasselbe gilt m.E. auch für die Aktualisierung der Nachlassvermögensinventare auf einen bestimmten Stichtag hin etc.

4. Rechenschaft und Buchführung

69 Willensvollstrecker sind den Erben zu umfassender **Rechenschaft** über die Mandatsführung verpflichtet. Die Rechenschaftspflicht der Willensvollstrecker entspricht derjenigen eines Beauftragten (Art. 400 Abs. 1 OR analog). Sie ist zwingendes Gesetzesrecht.[114] In der Praxis leisten Willensvollstrecker den Erben spätestens im Rahmen des **Erbteilungsvertrags** Rechenschaft.

70 Aus der allgemeinen Rechenschaftspflicht ergibt sich die Pflicht zur **Buchführung.** Sie besagt, dass Willensvollstrecker eine aussagekräftige Nachlassbuchhaltung führen müssen. Dazu gehört in jedem Fall die Aufnahme eines **Inventars** per **Todestag,**[115] in dem die Aktiven und Passiven der Erbschaft ausgewiesen und zu Marktwerten bewertet sind.[116] Sodann sind die Erben jeweils über den Wert der **unverteilten Erbschaft** per **31.12.** zu orientieren (Steuerausweis).[117]

71 Die Anforderungen an den **Umfang** der Rechenschaft und den Detaillierungsgrad der Nachlassbuchhaltung hängen von den Umständen des Einzelfalls ab. Die Nachlassbuchhaltung soll **sachgerecht** und **zweckmässig** sein. Die Erben können Willensvollstrecker von der Rechnungslegung dispensieren oder – aus Kostengründen – eine vereinfachte Buchführung mit ihnen vereinbaren.

72 Grundsätzlich sollen Willensvollstrecker den Erben zusammen mit dem Erbteilungsvertrag eine aussagekräftige und vollständige **Liquidationsrechnung**[118] zur Prüfung und Abnahme vorlegen, aus der die Entwicklung des Aktiv- und des Passivvermögens in der Zeit zwischen dem **Todestag** und dem **Stichtag** für die Erbteilung ersichtlich ist. Die Erben sollen mit angemessenem Aufwand prüfen und nachvollziehen können, wie sich Bestand und Wert des Nachlassvermögens in dieser Zeit **entwickelt** haben, und wie hoch die **Einnahmen** und -**ausgaben** seit dem Todestag waren.

---

114 ITEN, Verantwortlichkeit, N 581 m.w.H.
115 N 333 ff.
116 N 335.
117 DERSELBE, a.a.O.
118 N 409 ff.

Gegenstand des Erbteilungsvertrags ist schliesslich eine **Teilungsrechnung,**[119]   73
in der das teilbare Nachlassvermögen[120] per Stichtag für die Erbteilung ausgewiesen ist, die einzelnen Erbansprüche berechnet und die Erbschaftsgegenstände den Erben zugewiesen werden.

Willensvollstrecker müssen die Nachlassbuchhaltung mit sämtlichen Belegen   74
mindestens **zehn Jahre** lang aufbewahren (Art. 400 Abs. 1 i.V.m. Art. 962 OR
analog).[121]

Praxisbeispiele:[122]   75

– Die Buchhaltung soll innerhalb weniger Stunden verständlich sein, und die Übereinstim-
  mung mit den Belegen soll sich mit angemessenem Aufwand überprüfen lassen.
– Es genügt nicht, den Erben Bankauszüge unkommentiert zuzustellen.
– Willensvollstrecker orientieren die Erben regelmässig über die Höhe ihres Honorars und die
  anwendbare Honorarordnung.[123] Sie sind für sämtliche Faktoren beweispflichtig, die den
  Honoraranspruch massgeblich beeinflussen.
– Am Schluss der Willensvollstreckung legen Willensvollstrecker den Erben eine aussagekräftige, überprüfbare Liquidationsrechnung vor (Aufstellung über Einnahmen und Ausgaben
  seit dem Todestag).
– Bei komplexen Vermögensstrukturen kann es sich lohnen, die Buchführung an eine Fachperson zu übertragen (bspw. Buchhalter, Steuerberater, Treuhänder etc.), um das Risiko
  eines Übernahmeverschuldens zu minimieren.[124]

---

5. Zeit

Eine einfache Willensvollstreckung lässt sich selten in weniger als **einem Jahr**   76
abschliessen; komplexe Fälle dauern regelmässig **bis** zu **drei Jahre** oder sogar
länger. Das liegt erstens an den verschiedenen behördlichen Verfahren[125]
(bspw. Testamentseröffnung und Ausstellung des Erbscheins) und erbrechtlichen Fristen (bspw. Herabsetzung und Ungültigkeit). Und zweitens sollte eine

---

119   N 505 f.
120   N 338.
121   Iten, Verantwortlichkeit, N 582 m.w.H.
122   Beispiele zitiert aus demselben, a.a.O.
123   N 105 ff.
124   N 178 f.
125   Kantonale Übersicht im Anhang (Erbschaftsverfahren).

Willensvollstreckung erst beendet werden, wenn sämtliche Steuerverfahren[126] rechtskräftig abgeschlossen und alle Steuern bezahlt sind.

77 Willensvollstrecker sollen ihre Tätigkeit **unmittelbar** nach dem Amtsantritt beginnen,[127] sie **kontinuierlich** vorantreiben und die Erbteilung **effizient** herbeiführen.[128]

---

78 **Praxisbeispiele:[129]**

- Willensvollstrecker müssen ihr Mandat effizient gestalten mit dem Ziel, die Erbteilung herbeizuführen – es sei denn, ein Erblasser habe ausdrücklich eine Dauerwillensvollstreckung[130] angeordnet.
- Willensvollstreckungen sind nicht im Rekordtempo und nicht innerhalb der zeitlichen Vorgaben der Erben abzuwickeln. Fristansetzungen durch die Erben sind für Willensvollstrecker nicht verbindlich.
- Die ungebührliche Verschleppung eines Willensvollstreckermandats ist ein möglicher Absetzungsgrund.[131]

F. Befugnisse

79 Für den Übergang des Nachlassvermögens von Erblassern auf ihre Erben gilt das Prinzip der **Universalsukzession** (Art. 560 ZGB). Es besagt, dass das Vermögen der Erblasser als Ganzes, mit sämtlichen Rechten und Pflichten, auf die Erben übergeht **(Gesamtrechtsnachfolge)**.[132]

80 Eine **Erbschaft** umfasst sämtliche geldwerten Gegenstände und Rechte der Erblasser. Dazu zählen nicht nur die Werte, die sie hinterlassen haben, sondern auch ihr Zuwachs seit dem Todestag wie Erträge, Dividenden, Zinsen etc. sowie Ersatzanschaffungen, die an die Stelle der ursprünglich hinterlassenen Vermögensstücke getreten sind (Surrogation).[133]

---

126 Kantonale Übersicht im Anhang (Steuerverfahren).
127 BSK ZGB II-Karrer/Vogt/Leu, Art. 518 ZGB N 16.
128 BGE 142 III 9, E. 4.3.1.
129 Beispiele zitiert aus Iten, Verantwortlichkeit, N 541 m.w.H.
130 N 27.
131 N 155 f.
132 N 369.
133 Derselbe, Schwarzer Peter, S. 76 ff.

Die Erben werden unmittelbar mit dem Tod der Erblasser **Gesamteigentümer** 81
sämtlicher Nachlassaktiven und **Gesamtschuldner** sämtlicher Nachlasspassiven (Art. 602 Abs. 2 ZGB). Sie bilden von Gesetzes wegen eine **Erbengemeinschaft** (Art. 602 Abs. 1 ZGB).[134]

Eine Willensvollstreckung ändert nichts am universalsukzessorischen Eigen- 82
tumsübergang und an der dinglichen Berechtigung der Erben.[135] Bezogen auf
die Ausübung des **Besitzes**,[136] die **Verwaltung** und **Verfügung**[137] ändert sich
dafür umso mehr: Das Recht auf den Besitz und die Verwaltung der Erbschaft
wird den Erben von Gesetzes wegen entzogen und zur **treuhänderischen** Ausübung auf den Willensvollstrecker übertragen (Art. 518 Abs. 2 i.V.m. Art. 602
Abs. 2 ZGB).[138]

Willensvollstrecker haben **weitgehende Befugnisse,** um ihren Auftrag wirk- 83
sam erfüllen zu können. Diese werden nachfolgend erläutert.

1. Auskunft

Willensvollstrecker müssen sich zunächst darüber klar werden, welche Infor- 84
mationen sie für die sorgfältige[139] Erfüllung ihres Auftrags[140] benötigen.
Anschliessend müssen diese Informationen beschafft, analysiert und den
Erben bei Bedarf in geeigneter Form zur Verfügung gestellt werden.[141] Bildlich
gesprochen funktionieren Willensvollstrecker als **Informationsdrehscheibe**
im Erbgang.[142]

Willensvollstrecker haben ein **umfassendes Auskunftsrecht** über sämtliche 85
Vorgänge, die den Nachlass betreffen, und zwar sowohl gegenüber den Erben

---

134 N 369.
135 BSK ZGB II-Karrer/Vogt/Leu, Art. 518 ZGB N 22; BK-Künzle, Vorbemerkungen
     zu Art. 517–518 ZGB N 55 sowie Art. 517–518 ZGB N 76; BSK ZGB II-Schaufelberger/Keller Lüscher, Art. 602 ZGB N 2.
136 N 89 ff.
137 N 92 ff.
138 BK-Künzle, Art. 517–518 ZGB N 77 sowie 367; BSK ZGB II-Schaufelberger/
     Keller/Lüscher, Art. 602 ZGB N 23; BSK ZGB II-Karrer/Vogt/Leu, Art. 518
     ZGB N 6, 14 und 88.
139 N 50 ff.
140 N 33 ff.
141 N 59 ff.
142 Breitschmid, Aufsicht, N 16.

(Art. 518 i.V.m. Art. 607 Abs. 3 und Art. 610 Abs. 2 ZGB) als auch gegenüber Dritten (Art. 518 i.V.m. Art. 607 Abs. 3 und Art. 610 Abs. 2 ZGB analog).[143]

86   Das Auskunftsrecht der Willensvollstrecker gegenüber **Erben** umfasst alles, was objektiv betrachtet für die Erbteilung relevant sein könnte (bspw. Darlehen, Erbvorbezüge, Schenkungen sowie weitere Abreden mit dem Erblasser).[144]

87   Das Auskunftsrecht der Willensvollstrecker gegenüber **Dritten** ist zeitlich nicht beschränkt. Es beinhaltet sämtliche Auskünfte und Unterlagen, die auch die Erben als neue Träger des originären Auskunftsrechts von Dritten (bspw. Banken, Behörden, Rechtsanwälten, Treuhändern, Vermögensverwaltern, Versicherungen etc.) verlangen können.[145] Dazu gehört auch ein Auskunftsrecht gegenüber den Begünstigten aus Lebensversicherungen zur Klärung eines allfälligen Rückkaufswertes.[146] Als Legitimation dient das **Willensvollstreckerzeugnis,**[147] ohne weiteren Interessennachweis.[148]

88   Vom Auskunftsrecht gegenüber **Banken** nicht erfasst sind die Vermögenswerte, die nicht auf die Erblasser lauten – sondern bspw. auf deren Ehegatten –, sowie Compte-joint-Konti und -Depots mit Erbenausschlussklausel für die Zeit nach der Eröffnung des Erbgangs.[149]

2.   Besitz

89   Das Recht auf den Besitz wird den Erben von Gesetzes wegen entzogen und zur **treuhänderischen Ausübung** auf den Willensvollstrecker übertragen (Art. 518 Abs. 2 i.V.m. Art. 602 Abs. 2 ZGB).[150] Willensvollstrecker haben **unselbständigen** (Art. 920 Abs. 2 ZGB), Erben haben selbständigen Besitz (Art. 920 Abs. 2 ZGB).[151]

---

143 PraxKomm Erbrecht-CHRIST/EICHNER, Art. 518 ZGB N 2; KÜNZLE, Auskunftspflichten, S. 257.
144 Entscheid des Kantonsgerichts Basel-Landschaft, Abteilung Zivilrecht vom 30.1.2018 (400 17 305), E. 3.1.
145 PraxKomm Erbrecht-CHRIST/EICHNER, Art. 518 ZGB N 26.
146 KÜNZLE, Auskunftspflichten, S. 265 f. m.w.H.
147 N 23.
148 DERSELBE, a.a.O. S. 257.
149 N 426 ff.
150 BK-KÜNZLE, Art. 517–518 ZGB N 77, 367; BSK ZGB II-SCHAUFELBERGER/KELLER LÜSCHER, Art. 602 ZGB N 23; BSK ZGB II-KARRER/VOGT/LEU, Art. 518 ZGB N 6, 14 und 88.
151 JOST, N 37; KÜNZLE, Praxisfälle, S. 438; PraxKomm Erbrecht-CHRIST/EICHNER, Art. 518 ZGB N 22.

Willensvollstrecker haben einen gesetzlichen Anspruch auf Besitznahme an 90
den Vermögenswerten der Erbschaft.[152] Den tatsächlichen Besitz müssen sie
sich zunächst **verschaffen**.[153] Dazu stehen ihnen das Willensvollstreckerzeugnis und die folgenden Rechtsbehelfe zur Verfügung: Besitzesschutz (Art. 926 ff.
ZGB), Erbschaftsklage (Art. 598 ZGB) sowie Klage auf Herausgabe gemäss
Art. 518 Abs. 2 ZGB.[154]

Willensvollstrecker sind zur **schonenden Rechtsausübung** verpflichtet,[155] 91
weshalb sie den Besitz an Erbschaftssachen nur in Anspruch nehmen sollten,
sofern dies für die Auftragserfüllung bzw. die Sicherstellung der Erbteilung
tatsächlich erforderlich ist. Das ist insbesondere beim Hausrat (Mobiliar) oft
nicht der Fall.[156]

3. Verwaltung und Verfügung

Das Recht auf die Verwaltung der Erbschaft wird den Erben von Gesetzes 92
wegen entzogen und zur **treuhänderischen Ausübung** auf den Willensvollstrecker übertragen (Art. 518 Abs. 2 i.V.m. Art. 602 Abs. 2 ZGB).[157]

Die Spaltung der Rechtszuständigkeiten – Eigentum der Erben gegenüber 93
Besitz und Verwaltung durch den Willensvollstrecker – hat zur Folge, dass
Willensvollstrecker zu **exklusiven Verwaltern** der Erbschaft werden.[158] Die
Erben sind gegenüber Willensvollstreckern **nicht weisungsbefugt**.[159] Das ist
eine schwerwiegende Ausnahme vom allgemeinen Grundsatz der freien Erb-
schaftsverwaltung durch die Erbengemeinschaft (Art. 602 Abs. 2 ZGB).[160]
Denn die gesetzlichen Vertretungs- und Verfügungsbefugnisse der Willens-
vollstrecker schliessen ein gleichzeitiges Handeln der Erben aus.[161]

---

152 KÜNZLE, Praxisfälle, S. 438.
153 BK-KÜNZLE, Art. 517–518 ZGB N 80; BSK ZGB II-KARRER/VOGT/LEU, Art. 518 ZGB
    N 22.
154 ITEN, Schwarzer Peter, S. 77; KÜNZLE, Praxisfälle, S. 438.
155 N 125 ff.
156 Vgl. KÜNZLE, Praxisfälle, S. 438 f.
157 ITEN, Verantwortlichkeit, N 37 m.w.H.
158 BSK ZGB II-KARRER/VOGT/LEU, Art. 517 ZGB N 6; PraxKomm Erbrecht-CHRIST/
    EICHNER, Art. 517 ZGB N 22 sowie Art. 518 ZGB N 6.
159 BGer 5A_672/2013 vom 24.2.2014, E. 4.2.
160 ITEN, Schwarzer Peter, S. 77.
161 BGE 97 II 11, E. 2.

94 Die Erbschaft bildet für die Dauer der Willensvollstreckung ein fremdverwaltetes **Sondervermögen.**[162] Die Verwaltungskompetenz der Willensvollstrecker beschränkt sich auf das Nachlassvermögen. Das persönliche Erbenvermögen wird ebenso wenig tangiert, wie das gesamte **eheliche Vermögen.**[163] Die güterrechtlichen Ansprüche des Nachlasses gegenüber überlebenden Ehegatten **(Aktiven)** gehören genauso zum Nachlassvermögen wie die Ansprüche des überlebenden Ehegatten gegenüber dem Nachlass **(Passiven).**[164]

95 Die Verwaltungs- und Verfügungsmacht der Willensvollstrecker umfasst im **Aussenverhältnis** sämtliche Verfügungen, die ihr Auftrag[165] mit sich bringen kann, wie bspw. Abtretungen, das Einräumen von Besitz, Eigentum und Vollmachten (Banken, Dritte), Verpfändungen sowie ganz allgemein die Veräusserung von Vermögenswerten der Erbschaft.[166]

96 Ob Willensvollstrecker im **Innenverhältnis** – gegenüber Erben – tatsächlich befugt sind, über das Nachlassvermögen zu verfügen, ist damit noch nicht beantwortet. Willensvollstrecker können mehr, als sie dürfen, d.h., ihre Verwaltungs- und Verfügungsmacht ist **überschiessend.**[167]

97 Als Legitimationsgrundlage genügt i.d.R. das **Willensvollstreckerzeugnis,** für **Grundstückgeschäfte** sind zusätzliche Dokumente nötig.[168]

98 Verfügungshandlungen verlangen besonders viel **Sorgfalt,**[169] da sie meistens irreversibel sind.[170] Überschreiten Willensvollstrecker im Aussenverhältnis ihre Kompetenzen, so werden sie den Erben im Innenverhältnis für den **Schaden** verantwortlich, den sie dadurch verursacht haben.[171] Willensvollstrecker verfügen über einen **weiten Ermessenspielraum** hinsichtlich zweckmässiger Massnahmen zur Erfüllung ihres Auftrags.[172] Das gilt allerdings nur mit Bezug

---

162 ITEN, Schwarzer Peter, S. 77 f. m.w.H.
163 PraxKomm Erbrecht-CHRIST/EICHNER, Art. 518 ZGB N 12.
164 BSK ZGB II-KARRER/VOGT/LEU, Art. 517 ZGB N 5; PraxKomm Erbrecht-CHRIST/ EICHNER, Art. 518 ZGB N 12.
165 N 33 ff.
166 ITEN, Verantwortlichkeit, N 639 m.w.H.
167 DERSELBE, a.a.O. N 634 ff.; PraxKomm Erbrecht-CHRIST/EICHNER, Art. 518 ZGB N 39.
168 N 446.
169 N 50 ff.
170 BREITSCHMID, Stellung, S. 136.
171 N 161 ff.
172 N 52.

auf die Verwaltung der Erbschaft. Denn im Bereich der Erbteilung haben Willensvollstrecker keinen Ermessensspielraum.[173]

Praxisbeispiele: [174]   99

- Während der Aufnahme öffentlicher Inventare oder solange Ungültigkeits- oder Herabsetzungsverfahren hängig sind, sollen Willensvollstrecker ihre Verfügungshandlungen auf ein absolutes Minimum beschränken (sichernde und sonstige zur ordentlichen Verwaltung gehörende Massnahmen).
- Mit grösseren Verfügungen über das Nachlassvermögen sollten Willensvollstrecker nach Möglichkeit zuwarten, bis alle hängigen Steuerverfahren abgeschlossen sind.
- Bei der Veräusserung von Kunstnachlässen ist die Gefahr eines Übernahmeverschuldens besonders hoch.[175] Unkundige Willensvollstrecker ziehen am besten eine Fachperson bei.
- Willensvollstrecker dürfen Nachlasswerte verkaufen, wenn es zur Erfüllung ihres Auftrags notwendig ist.

---

4. Vertretung

Damit Willensvollstrecker den Nachlass verwalten können, benötigen sie eine   100
entsprechende **Vertretungsmacht,** um mit Wirkung für die Erben handlungsfähig zu sein. Hierzu räumt Art. 518 Abs. 2 ZGB Willensvollstreckern implizit die gesetzliche Ermächtigung ein, die sie zur Erfüllung ihres Auftrags benötigen.[176] Deshalb können Willensvollstrecker mit Bezug auf das von ihnen exklusiv verwaltete Nachlassvermögen als **gesetzliche Vertreter** der Erben bezeichnet werden.[177]

Die gesetzliche Vertretungsmacht der Willensvollstrecker umfasst sämtliche   101
Rechtshandlungen, die ihr Auftrag[178] mit sich bringen kann.[179] Ob Willensvollstrecker im Innenverhältnis – gegenüber Erben – tatsächlich befugt sind, ist damit noch nicht beantwortet, denn ihre Vertretungsmacht ist **überschiessend.**[180]

---

173 N 116.
174 Beispiele zitiert aus Iten, Verantwortlichkeit, N 640 m.w.H.
175 N 178 f.
176 Pichler, Stellung, S. 50 m.w.H.
177 Iten, Verantwortlichkeit, N 29 und 634.
178 N 33 ff.
179 Künzle, Willensvollstrecker, S. 255 (FN 498 m.w.H.); BK-Künzle, Art. 517–518 ZGB
       N 210 m.w.H.
180 N 96.

102 Handeln Willensvollstrecker für den Nachlass, so berechtigen und verpflichten sie damit die Erben als Gesamteigentümer und -schuldner. Gehen Willensvollstrecker Verbindlichkeiten ein, begründen sie eine **Erbgangschuld.**[181]

103 Als Legitimationsgrundlage genügen i.d.R. das **Willensvollstreckerzeugnis** und die **Erbenbescheinigung,** für Grundstückgeschäfte sind zusätzliche Dokumente nötig.[182]

104 Überschreiten Willensvollstrecker im Aussenverhältnis ihre Befugnisse, werden sie den Erben im Innenverhältnis für den **Schaden** verantwortlich, den sie dadurch verursacht haben.[183] Immerhin verfügen Willensvollstrecker über einen **weiten Ermessensspielraum** hinsichtlich zweckmässiger Massnahmen.[184] Das gilt allerdings nur mit Bezug auf die Verwaltung der Erbschaft. Denn im Bereich der Erbteilung haben Willensvollstrecker keinen Ermessensspielraum.[185]

5. Honorar

105 Willensvollstrecker haben einen gesetzlichen Anspruch auf eine angemessene **Vergütung** (Art. 517 Abs. 3 ZGB). Hinzu kommt der Ersatz der **Auslagen** (Spesen).[186] In der Praxis gibt die Angemessenheit von Honoraren häufig Anlass zu Diskussionen. Rechtsprechung[187] und Literatur[188] dazu sind umfassend.

106 Der Begriff der **Angemessenheit** ist auslegungsbedürftig und muss für jeden Einzelfall aufgrund der konkreten Umstände beurteilt werden.[189] Massgebend

---

181 BSK ZGB II-Karrer/Vogt/Leu, Art. 518 ZGB N 35.

182 N 446.

183 N 161 ff.

184 N 52.

185 N 116.

186 BSK ZGB II-Karrer/Vogt/Leu, Art. 517 ZGB N 31 m.w.H.; PraxKomm Erbrecht-Christ/Eichner, Art. 517 ZGB N 30.

187 BGE 138 III 449; 129 I 330, E. 3; 86 II 355, E. 4a und 5; 78 II 123, E. 2; BGer 5A_881/2012 vom 26.3.2014; 4A_547/2009 vom 27.4.2010; 5C.69/2006 vom 23.5.2006; 2P.139/2001 vom 3.9.2001.

188 BK-Künzle, Art. 517–518 ZGB N 389 m.w.H.; Breitschmid, Umgang, S. 170 ff. (Übersicht über die Doktrin der letzten 50 Jahre); Flückiger, S. 202 ff. und 227 ff. gibt eine detaillierte Übersicht über die unterschiedlichen Tarifbestimmungen der Kantone; Strazzer, S. 105 ff.

189 BK-Künzle, Art. 517–518 ZGB N 390 m.w.H.; BSK ZGB II-Karrer/Vogt/Leu, Art. 517 ZGB N 29 f.

sind die Höhe des verwalteten **Vermögens,** der effektive **Zeitaufwand** sowie die tatsächlichen **Leistungen** der Willensvollstrecker.[190] Beim Zeitaufwand ist das Effizienzgebot zu beachten.[191]

Entscheidend ist der zugrunde liegende **Stundentarif.** Nach KÜNZLE bemisst sich ein angemessener Stundentarif nach folgenden Kriterien: **Qualifikation** (Ausbildung, Erfahrung, Fachwissen, Infrastruktur sowie allenfalls eine besondere Vertrauensstellung), **Komplexität** des Falls (Auslandbezug, Dringlichkeit, Konfliktpotenzial, steuerliche Situation sowie die Struktur des Nachlassvermögens) und die konkrete **Verantwortung** (Höhe des Nachlassvermögens).[192]   107

Pauschalhonorare sind unzulässig – es sei denn, sie werden mit den Erben ausdrücklich vereinbart.[193] Willensvollstrecker müssen ihr Honorar **detailliert** abrechnen. Der Zeitaufwand, der anwendbare Stundenansatz sowie die Spesen und Auslagen sind getrennt auszuweisen (Art. 400 Abs. 1 OR analog.)[194]   108

Die Erben können eine Honorarrückforderungsklage nur gemeinsam geltend machen.[195] Das bedeutet, dass alle **Erben gemeinsam** klagen müssen.   109

Praxisbeispiele:[196]   110

– Willensvollstrecker müssen ihr Honorar für die Erben nicht im Voraus abschätzen. Sie verzichten sogar besser auf eine Kostenschätzung, um später nicht darauf behaftet zu werden. Die anwendbare Honorarordnung (Modalitäten der Bemessung) gehört hingegen auf die Traktandenliste der ersten Erbenversammlung.

– Unzulässig ist ein reines Pauschalhonorar, das sich allein nach der Höhe des Nachlassvermögens bemisst. Pauschalabgeltungen sind dann zulässig, wenn gleichzeitig der tatsächliche Aufwand ausgewiesen wird, sodass eine Kontrollrechnung möglich ist. Testamentarische Honorarklauseln, die Willensvollstrecker ausdrücklich zum Pauschalbezug ermächtigen, werden unter Umständen als Vermächtnis qualifiziert und besteuert.

– Honorarabsprachen (auch Pauschalen) mit den Erben sind zulässig und schaffen Transparenz. Die Erben anerkennen die Honorarforderung spätestens mit dem Erbteilungsvertrag.

– Willensvollstrecker müssen sämtliche Faktoren nachweisen, die in ihr Honorar eingeflossen sind. Die Anforderungen der Gerichte an die Substantiierung (welche Verrichtung, wann, wofür und für wie lange) werden tendenziell strenger. Zum Teil unterliegt der behauptete

---

190 BGE 78 II 123, E. 2; BSK ZGB II-KARRER/VOGT/LEU, Art. 517 ZGB N 29 m.w.H.
191 N 132 f.
192 BK-KÜNZLE, Art. 517–518 ZGB N 392 ff. m.w.H.
193 BGE 138 III 449, E. 4.2; vgl. BSK ZGB II-KARRER/VOGT/LEU, Art. 517 ZGB N 30a.
194 BGE 144 III 217, E. 5.2.2.
195 BGer 5A_881/2012 vom 26.4.2013, E. 5.2.
196 Beispiele zitiert aus ITEN, Verantwortlichkeit, N 645 m.w.H.

Zeitaufwand von Willensvollstreckern sogar einer gerichtlichen Effizienzkontrolle: War der geltend gemachte Aufwand sachlich geboten?

– Verschiedenartige Tätigkeiten (administrative Aufgaben, Buchhaltung, eigentliche Willensvollstreckung, Wohnungsräumung etc.) sind separat zu erfassen und idealerweise nach unterschiedlichen Ansätzen zu fakturieren. Zulässig und praktikabel ist auch die Anwendung eines mittleren Stundenansatzes für die verschiedenen Tätigkeiten.

– Willensvollstrecker haben Anspruch auf Ersatz ihrer Spesen (Art. 402 Abs. 1 OR analog). Sie haben ein faktisches Retentionsrecht an den Erbschaftssachen.

– Vorschüsse und der periodische Bezug von Akontozahlungen sind üblich und zulässig, insbesondere bei länger dauernden Willensvollstreckungen.[197] Willensvollstrecker sind befugt, ihr Honorar selbständig zu beziehen.[198] Zu hohe Akontobezüge müssen sie den Erben zurückerstatten.

– Die Erben haften im Aussenverhältnis persönlich und solidarisch für das volle Honorar der Willensvollstrecker. Im internen Verhältnis tragen sie das Honorar anteilsmässig entsprechend ihrer Erbanteile. Über zu viel bezahlte Honoraranteile können die Erben aufeinander Rückgriff nehmen (Regress i.S.v. Art. 640 ZGB).

G. Grundsätze für die Mandatsführung

111 Willensvollstrecker müssen ihren Auftrag[199] mit der gebotenen Sorgfalt[200] erfüllen. Dabei haben sie die allgemeinen **erbrechtlichen Prinzipien** bestmöglich zu wahren.[201] Diese werden nachfolgend beschrieben.

1. Freie private Erbteilung

112 Die Erben können, wo es nicht anders angeordnet ist, die Teilung der Erbschaft frei vereinbaren (Art. 607 Abs. 2 ZGB).

a. Freies Teilungsrecht der Erben

113 Der Grundsatz der freien privaten Erbteilung besagt, dass die Erben frei entscheiden können, **ob, wann, wie** und zu **welchen Anrechnungswerten**[202] sie die Erbschaft teilen.[203] Sie dürfen sich sogar über Teilungsvorschriften der Erb-

---

197 N 518 ff.
198 BGE 144 III 217, E. 5.2.2.
199 N 33 ff.
200 N 50 ff.
201 ITEN, Verantwortlichkeit, N 617 m.w.H.
202 N 403 ff.
203 BREITSCHMID, Stellung, S. 141 f.

lasser und des Gesetzes hinwegsetzen.[204] Voraussetzung ist ein **einstimmiger** Beschluss aller Erben (Art. 602 Abs. 2 ZGB).[205]

Sind die Erben über die Erbteilung uneinig, kann jeder Erbe zu jedem **beliebigen Zeitpunkt** die gerichtliche Teilung der Erbschaft verlangen, soweit er nicht durch Gesetz oder Vertrag zur Fortführung der Erbengemeinschaft verpflichtet ist (**Teilungsklage** gem. Art 604 Abs. 2 ZGB).   114

b. Kein Ermessensspielraum für Willensvollstrecker

Willensvollstrecker verfügen bei der Verwaltung der Erbschaft über ein **breites Ermessen.**[206] Die Erben sind gegenüber Willensvollstreckern nicht weisungsbefugt.[207] Willensvollstrecker entscheiden grundsätzlich frei und nach pflichtgemässem Ermessen.[208]   115

Eine gewichtige **Ausnahme** gilt im Bereich der Erbteilung: Hier haben Willensvollstrecker keinen Ermessensspielraum.[209] Gemeinsame Weisungen der Erben sind für Willensvollstrecker mit Bezug auf die Erbteilung verbindlich. Grund ist das freie Teilungsrecht der Erben (Art. 607 Abs. 2 ZGB).   116

Willensvollstrecker haben auf die Erbteilung hinzuwirken und den Erben angemessene Teilungsvorschläge zu unterbreiten.[210] Sie selbst sind weder Partei des **Erbteilungsvertrags,** noch können sie den Erben verbindliche **Weisungen** mit Bezug auf die Erbteilung erteilen.[211] Ferner sind sie an einen Teilungsvertrag der Erben gebunden und müssen diesen vollziehen, selbst wenn er von den Anordnungen des Erblassers abweicht.[212] Davon gibt es Ausnahmen.   117

---

204 BGE 143 III 435, E. 4.2 m.w.H.; PraxKomm Erbrecht-WEIBEL, Vorbem. zu Art. 607 ff. ZGB N 5 f. m.w.H.; KÜNZLE, Erbteilung, S. 314.
205 Vgl. BGE 143 III 435, E. 4.2.
206 N 52.
207 N 93.
208 N 129.
209 BGer 5D_136/2015 vom 18.4.2016, E. 5.1; 5A_672/2013 vom 24.2.2014, E. 3.2.
210 N 528.
211 BGE 102 II 197, E. 2c; ITEN, Verantwortlichkeit, N 143, 544 m.w.H.
212 BSK ZGB II-SCHAUFELBERGER/LÜSCHER, Art. 607 ZGB N 9 sowie Art. 610 ZGB N 15; ITEN, Verantwortlichkeit, N 146 m.w.H.

c. Ausnahmen

118   Weder das freie Teilungsrecht der Erben noch die Bindung des Willensvollstreckers an den Teilungsvertrag der Erben gelten absolut. Gewisse Bereiche bleiben der Disposition der Erben entzogen.

---

119   **Praxisbeispiele:**

- Willensvollstrecker müssen ausgewiesene Nachlassschulden aus Mitteln der Erbschaft bezahlen, auch gegen den einstimmigen Willen der Erben.[213]
- Willensvollstrecker müssen Vermächtnisse auch gegen den einstimmigen Willen der Erben ausrichten.[214]
- Willensvollstrecker müssen dafür sorgen, dass Auflagen der Erblasser eingehalten werden. Nötigenfalls müssen sie die Einhaltung gegen den einstimmigen Willen der Erben durchsetzen.[215]
- Wenn Willensvollstrecker Kenntnis über nicht deklarierte Vermögenswerte haben, müssen sie sie der Steuerbehörde offenlegen – ob die Erben damit einverstanden sind oder nicht.[216]
- Willensvollstrecker können Vermögenswerte der Erbschaft ohne Mitwirkung der Erben veräussern und verpfänden, um Liquidität zu beschaffen – und zwar auch gegen den ausdrücklichen Willen der Erben.[217]
- Bei der Zwangsverwertung eines gepfändeten Erbanteils (Art. 9 ff. VVAG) muss die Konkursbehörde an der Erbteilung mitwirken.[218]

---

2. Gleichbehandlung aller Erben (Neutralität)

120   Die Gleichbehandlung aller Erben ist eine Folge ihres freien Teilungsrechts (Art. 607 Abs. 1 ZGB).[219] Wenn keine anderen Vorschriften Platz greifen, haben bei der Teilung alle Erben einen qualitativ gleichen Anspruch auf die Zuweisung der Vermögenswerte aus der Erbschaft (Art. 610 Abs. 1 ZGB). In quantitativer Hinsicht ist ihr Anspruch freilich nicht gleich, weil die Erbquoten in der Regel unterschiedlich hoch sind.[220] Nach der bundesgerichtlichen

---

213   N 385.
214   N 377.
215   N 400.
216   N 329.
217   N 411.
218   ITEN, Verantwortlichkeit, N 123 ff. m.w.H.
219   BGE 143 III 425, E. 4.3.
220   BSK ZGB II-SCHAUFELBERGER/LÜSCHER, Vor Art. 607 ZGB N 2 sowie Art. 610 ZGB N 1 f. m.w.H.; PraxKomm Erbrecht-WEIBEL, Vorbem. zu Art. 607 ff. ZGB N 12.

Rechtsprechung ist der Grundsatz der **Anspruchsgleichheit** gar «die oberste Richtschnur für die Erbteilung».[221]

Ausnahmen von der Anspruchsgleichheit können sich ergeben aus einem Gesetz (bspw. Art. 612a ZGB zur Zuweisung der Familienwohnung und des Hausrats oder Art. 619 ZGB zum bäuerlichen Bodenrecht, BGBB) und aus Teilungsvorschriften der Erblasser. 121

Willensvollstrecker müssen alle Erben gleich behandeln und ihre gegensätzlichen Interessen gleichmässig wahrnehmen (**Neutralitätsprinzip**).[222] Dazu müssen sie zunächst die Einzelinteressen aller Erben sorgfältig in Erfahrung bringen.[223] Willensvollstrecker sind «zur Unparteilichkeit verpflichtet und haben alle Erben an allen Informationen teilhaben zu lassen und **keinerlei Sonderinteressen** einzelner Erben zu fördern».[224] Willensvollstrecker sollten eine gewisse Distanz zu den Erben einnehmen, damit sie nicht zu ihrem Spielball werden. 122

3. Naturalteilung (Substanzerhaltung)

Der Grundsatz der Naturalteilung ist eine Folge des freien Teilungsrechts der Erben (Art. 607 Abs. 1 ZGB). Er besagt, dass jeder Erbe an jedem Objekt der Erbschaft einen seiner Quote entsprechenden Anspruch hat.[225] Alle Erben haben den gleichen Anspruch darauf, dass ihnen einzelne **Erbschaftssachen in natura** zugewiesen werden. 123

Der Grundsatz der Naturalteilung begründet die Pflicht der Willensvollstrecker, Erbschaftssachen im Rahmen der Nachlassverwaltung nach Möglichkeit in ihrer **Substanz** zu **erhalten** und nur ausnahmsweise vor der Erbteilung zu veräussern (bspw. um die Erbschaft zu erhalten, Schulden zu bezahlen oder Vermächtnisse auszurichten).[226] Sodann sollen Willensvollstrecker die not- 124

---

221 BGE 143 III 425, E. 4.3 m.w.H.; 112 II 206, E. 2b.
222 BGer 5D_136/2015 vom 18.4.2016, E. 5.1; BGE 85 II 597, E. 3.
223 Iten, Verantwortlichkeit, FN 413 m.w.H.
224 BGer 5A_672/2013 vom 24.2.2014, E. 9.1.
225 Vgl. Breitschmid, Stellung, S. 142.
226 BGE 108 II 535, E. 3; BGer 5D_136/2015 vom 18.4.2016, E. 5.1; BK-Künzle, Vorbemerkungen zu Art. 517–518 ZGB N 6; BSK ZGB II-Schaufelberger/Lüscher, Vor Art. 607 ZGB N 7 sowie Art. 610 ZGB N 4 ff.; vgl. Breitschmid, Stellung, S. 125 f.; PraxKomm Erbrecht-Weibel, Vorbem. zu Art. 607 ff. ZGB N 14.

wendigen Massnahmen vorkehren, um auch den **Wert** des Nachlassvermögens bestmöglich zu **erhalten.**[227]

4. Schonende Rechtsausübung (pflichtgemässes Ermessen)

125   Eine Willensvollstreckung führt zu einem schweren **Eingriff** in die **Rechtsstellung** der **Erben:** Willensvollstrecker haben in ihrer Mandatsführung einen grossen Ermessensspielraum, der nur im Bereich der Erbteilung eingeschränkt ist.[228] Die gesamte Erbschaft steht unter der exklusiven Verwaltung der Willensvollstrecker,[229] die nach aussen als gesetzliche Vertreter der Erbengemeinschaft auftreten.[230] Hinzu kommt, dass die Erben den Willensvollstreckern grundsätzlich keine verbindlichen Weisungen erteilen können.[231]

126   Weil ihre Rechtsmacht überschiessend ist,[232] sind Willensvollstrecker in ihrer Mandatsführung zur **schonenden Rechts-** und **Ermessensausübung** verpflichtet.[233]

127   Die **Pflicht** zur schonenden Rechtsausübung besagt, dass die Ausübung eines Rechts (bspw. Besitz, Verwaltung, Vertretung und Verfügung) unzulässig ist, wenn sie der Gegenseite Nachteile verschafft, die durch eine mildere, denselben Interessen dienende Massnahme vermieden werden könnten.[234]

128   Massnahmen von Willensvollstreckern müssen m.a.W. **erforderlich** sein: Sie sollen in personeller, räumlicher, sachlicher und zeitlicher Hinsicht nicht über das Notwendige hinausgehen und unterbleiben, falls ein geeigneter, milderer Eingriff möglich ist.[235] Erforderlich heisst den konkreten Umständen **angemessen.** Willensvollstrecker sollen auf die schutzwürdigen Interessen aller Beteiligten gebührend Rücksicht nehmen.[236]

129   Aus der Pflicht zur schonenden Rechtsausübung folgt, dass Willensvollstrecker ihr Ermessen **pflichtgemäss** ausüben sollen. Entscheide sind nach sach-

---

227   BGE 142 III 9, E. 4.3.1.
228   N 52 und 116.
229   N 93.
230   N 100.
231   N 93.
232   N 96 und 101.
233   BGer 5P.440/2002 vom 23.12.2002, E. 2.2; Iten, Verantwortlichkeit, N 525 m.w.H.
234   Vgl. BSK ZGB I-Honsell, Art. 2 ZGB N 22 m.w.H.
235   Vgl. Iten, Verantwortlichkeit, N 637 m.w.H.
236   BGer 5P.440/2002 vom 23.12.2002, E. 2.2.

lich vertretbaren Kriterien (**Objektivität**) zu fällen, und Massnahmen sollen den konkreten Umständen angemessen sein (**Erforderlichkeit**).

Bei der materiellen Beurteilung einer konkreten Ermessensausübung auferle- 130
gen sich die Gerichte zu Recht eine gewisse Zurückhaltung,[237] zumal Willensvollstrecker über einen **Spielraum** für **Fehlentscheide**[238] verfügen, innerhalb
dessen sie keine zivilrechtliche Verantwortlichkeit trifft.

Praxisbeispiele:[239]   131

– Willensvollstrecker sollen besondere Zurückhaltung an den Tag legen, solange die Perso-
  nen, die am Nachlass beteiligt sind, ihre Rechtsposition noch ändern können (Ausschlagung,
  Herabsetzung und Ungültigkeit).
– Willensvollstrecker sollen Gerichtsverfahren dann (und nur dann) einleiten, wenn sie tatsächlich notwendig sind und keine aussergerichtliche Einigung möglich ist.
– Besonders ausgeprägt ist die Pflicht zur schonenden Rechtsausübung bei der Verwaltung
  des Nachlassvermögens.[240]
– Bevor Willensvollstrecker Liegenschaften verkaufen, um Liquidität zu schaffen, sollen sie
  versuchen, das Mobiliar zu versilbern. Genügt dies nicht, sollen sie versuchen, eine Hypothek aufzunehmen bzw. bestehende Hypotheken aufzustocken.[241]

---

5. Effizienzgebot

Das Effizienzgebot ist eine Folge der Pflicht zur schonenden Rechtsausübung. 132
Es besagt, dass Willensvollstrecker ihr Mandat effizient führen sollen.

---

237 BGer 5A_195/2013 vom 9.7.2013, E. 3.2.1: Das BGer schreitet nur ein, wenn das
     Ergebnis offensichtlich unbillig ist und in stossender Weise ungerecht scheint; BGer
     5A_794/2011 vom 16.2.2012, E. 3.2: Das Bundesgericht schreitet nur ein, wenn der
     Willensvollstrecker sein Ermessen überschreitet oder missbraucht.
238 N 52.
239 Beispiele zitiert aus ITEN, Verantwortlichkeit, N 525 m.w.H.
240 N 125 ff.
241 DERSELBE, a.a.O. N 104 m.w.H.

133 **Praxisbeispiele:**[242]

– Willensvollstrecker müssen ihre Mandatsführung ökonomisch und zeitlich[243] effizient gestalten mit dem Ziel, die Erbteilung herbeizuführen – es sei denn, der Erblasser habe ausdrücklich eine Dauerwillensvollstreckung[244] angeordnet.

– Willensvollstrecker sollen einerseits keinen unnötigen Aufwand betreiben (Mandatsaufblähung), andererseits müssen sie alle notwendigen Massnahmen einleiten: so viel wie nötig, aber so wenig wie möglich (ökonomischer Mitteleinsatz).

6. Persönliche Mandatsführung

134 Willensvollstrecker müssen ihren Auftrag grundsätzlich persönlich erfüllen.[245] Sie dürfen punktuell **Hilfskräfte** und **Unterbeauftragte** beiziehen – es sei denn, ein Erblasser habe letztwillig ausdrücklich das Gegenteil angeordnet[246] oder es handle sich um Bereiche, für die eine Delegation aufgrund der materiellen Höchstpersönlichkeit[247] generell ausgeschlossen ist.

135 **Praxisbeispiele:**[248]

– Der formelle Willensvollstreckerstatus lässt sich auf keine andere Person übertragen als auf den Willensvollstrecker, den der Erblasser ernannt hat. Eine vollständige Substitution ist unzulässig.

– Die Bestimmung der Willensvollstrecker durch Dritte ist ausgeschlossen.

– Willensvollstrecker müssen den Teilungsplan persönlich erstellen. Beauftragen sie Dritte damit, müssen sie gegenüber den Erben persönlich für das Fehlverhalten dieser Personen einstehen.

– Willensvollstrecker sind den Erben stets zur unmittelbaren Information und Rechenschaft verpflichtet. Für Informationen, die ihnen zugänglich sind, dürfen sie die Erben nicht an Dritte verweisen (z.B. an eine Bank des Erblassers).

136 Willensvollstrecker, die einen Teil ihrer Tätigkeit **unbefugt** an Dritte übertragen, werden den Erben, Vermächtnisnehmern und Nachlassgläubigern für den Schaden, der ihnen dadurch entsteht, **persönlich ersatzpflichtig,** ohne dass

---

242 Beispiele zitiert aus Iten, Verantwortlichkeit, N 541 m.w.H.
243 N 76 ff.
244 N 27.
245 BGE 142 III 9, E. 4.2.
246 Derselbe, Übertragung, S. 99 m.w.H.
247 Derselbe, Verantwortlichkeit, N 565 m.w.H.
248 Beispiele zitiert aus demselben, a.a.O. N 565 m.w.H.

näher geprüft werden muss, ob eine Hilfspersonenhaftung (Art. 101 OR) oder die privilegierte Haftung des Auftragsrechts (Art. 398 Abs. 2 OR analog) zur Anwendung gelangt.[249]

Für Willensvollstrecker, die **befugtermassen** Unterbeauftragte (Substituten) beiziehen, gilt das **Haftungsprivileg** nach Art. 399 Abs. 2 OR. Sie haften nur persönlich für die sorgfältige Auswahl, Instruktion und Überwachung der Unterbeauftragten.[250] 137

138

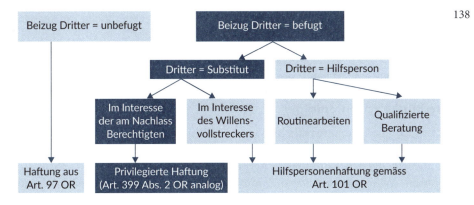

Abb. 3: Haftungssystem bei der Übertragung von Aufgaben an Dritte.
Quelle: TREX 2/2014, S. 99

Sind Willensvollstrecker für eine sorgfältige Auftragserfüllung[251] auf das Know-how von Fachpersonen angewiesen, müssen sie solche Personen beziehen, um eine spätere Haftung aus **Übernahmeverschulden**[252] zu vermeiden (Haftungsprävention).[253] 139

---

249 HaftpflichtKomm-Iten, Art. 518 ZGB N 130 m.w.H.
250 BGE 142 III 9, E. 4.2; Iten, Übertragung, S. 99 m.w.H.
251 N 33 ff.
252 N 178 f.
253 Vgl. Breitschmid, Stellung, S. 127 f.; HaftpflichtKomm-Iten, Art. 518 ZGB N 132 m.w.H.; Iten, Übertragung, S. 100 m.w.H.

H. Verantwortlichkeit

140 Willensvollstrecker können im Aussenverhältnis (gegenüber Ämtern, Banken, Behörden und Dritten) mehr, als sie im Innenverhältnis (gegenüber Erben, Vermächtnisnehmern und Nachlassgläubigern) dürfen, weil ihre Verwaltungs-, Verfügungs- und Vertretungsbefugnisse **überschiessend** sind.[254] Willensvollstreckungen führen zu einem schweren Eingriff in die Eigentumsrechte der Erben.[255] Der Gesetzgeber versuchte dies auszugleichen, indem Willensvollstrecker im Innenverhältnis für ihr Tun, Dulden und Unterlassen im Aussenverhältnis verantwortlich sind.[256]

141 Das Gesetz setzt Willensvollstreckern auf vier Ebenen Grenzen: So treffen pflichtvergessene Willensvollstrecker – je nach Fall – eine **aufsichtsrechtliche**, eine **berufs- und standesrechtliche**, eine **zivilrechtliche** sowie eine **strafrechtliche** Verantwortlichkeit.[257]

142 Die einzelnen Verantwortlichkeiten schützen unterschiedliche Interessen.[258] Sie bestehen unabhängig voneinander, sodass zwischen den einzelnen Verantwortlichkeiten **Konkurrenz** herrscht. Die Folge davon ist, dass pflichtvergessene Willensvollstrecker u.U. mit einer **Kumulation** verschiedener Verantwortlichkeiten rechnen müssen.[259]

1. Aufsichtsrechtlich

143 Die Erben haben die Möglichkeit, in einem relativ einfachen und raschen Verfahren gegen Massnahmen von Willensvollstreckern vorzugehen.[260] Damit steht die gesamte Mandatsführung der Willensvollstrecker unter dem Vorbehalt des **Beschwerdeverfahrens**.[261]

---

254 N 96 und 101.
255 N 125.
256 BGE 142 III 9, E. 4.3.1.
257 Iten, Verantwortlichkeit, N 52.
258 Derselbe, a.a.O. N 95 ff. m.w.H.
259 Derselbe, a.a.O. N 50 m.w.H.
260 BGer 5D_136/2015 vom 18.4.2016, E. 5.1.
261 Iten, Verantwortlichkeit, N 72 m.w.H.

a. Rechtsgrundlage

Gemäss Art. 518 Abs. 1 ZGB stehen Willensvollstrecker in den Rechten und Pflichten der amtlichen Erbschaftsverwalter. Diese werden gemäss Art. 595 Abs. 3 ZGB von einer **Behörde beaufsichtigt.**[262]

144

Zuständig ist gemäss Art. 28 Abs. 2 ZPO die Behörde am **letzten Wohnsitz** der **Erblasser.**[263] Die Bezeichnung der Aufsichtsbehörde und die Regelung des Verfahrens ist gemäss Art. 54 SchlT-ZGB Sache der kantonalen Gesetzgeber.[264] Die entsprechenden Bestimmungen finden sich in den kantonalen Erlassen zur Einführung des ZGB (EG-ZGB).[265] Eine Übersicht findet sich im Anhang.[266]

145

b. Verfahren

Die Berechtigten haben die Möglichkeit, gegen beabsichtigte, unterlassene oder getroffene Massnahmen von Willensvollstreckern **Beschwerde** zu erheben.[267] Die Aufsichtsbehörde wird **nicht** von **Amtes wegen** tätig, sondern nur auf Beschwerde eines oder mehrerer Erben, Vermächtnisnehmers und/oder Nachlassgläubigers hin.[268]

146

c. Eingeschränkte Kognition

Die Kognition der Aufsichtsbehörde ist gegenüber dem Umfang der Prüfungsbefugnis eines ordentlichen Zivilgerichts eingeschränkt, weshalb mit einer Aufsichtsbeschwerde nur (aber immerhin) gegen **offensichtlich unangemessene** Massnahmen der Willensvollstrecker vorgegangen werden kann.[269]

147

Materiell-rechtliche Fragen lassen sich im aufsichtsrechtlichen Beschwerdeverfahren **nicht** überprüfen. Der Entscheid über materiell-rechtliche Streitigkeiten bleibt ausschliesslich dem Zivilgericht vorbehalten.[270]

148

---

262 BGer 5P.440 vom 23.12.2002, E. 2.2.
263 BSK ZGB II-Karrer/Vogt/Leu, Art. 518 ZGB N 106; PraxKomm Erbrecht-Christ/ Eichner, Art. 518 ZGB N 88.
264 Iten, Verantwortlichkeit, N 69 m.w.H.
265 Derselbe, a.a.O. N 88 m.w.H.
266 Kantonale Übersicht im Anhang (Erbschaftsverfahren).
267 BGer 5D_136/2015 vom 18.4.2016, E. 5.1.
268 BSK ZGB II-Karrer/Vogt/Leu, Art. 518 ZGB N 99; Iten, Verantwortlichkeit, N 139 ff.; PraxKomm Erbrecht-Christ/Eichner, Art. 518 ZGB N 91.
269 Iten, Verantwortlichkeit, N 75 m.w.H.
270 BGer 5D_136/2015 vom 18.4.2016, E. 5.2; Iten, Verantwortlichkeit, N 91 m.w.H.

149 Praxisbeispiele (nicht beschwerdefähig):[271]

- Die Auslegung des erblasserischen Willens (einer Verfügung von Todes wegen)
- Die definitive Feststellung der Nachlasspassiven und der Rückstellungen für Vermächtnisse, Steuern usw.
- Die Zugehörigkeit von Gegenständen zum Nachlassvermögen
- Die Rechtmässigkeit eines vom Willensvollstrecker ausgearbeiteten Teilungsvorschlags, die Wahrung der Pflichtteile (inkl. Herabsetzungsklage) sowie Fragen der Ausgleichung
- Die Gültigkeit letztwilliger Verfügungen (inkl. Ungültigkeitsklage)
- Die Angemessenheit des Willensvollstreckerhonorars (Art. 517 Abs. 2 ZGB)
- Die Rechenschaftsablegung und Buchführung von Willensvollstreckern sowie deren Informationsrechte und -pflichten
- Die zivilrechtliche Verantwortlichkeit von Willensvollstreckern

150 Gegenstand einer Aufsichtsbeschwerde können ausschliesslich die **formell-rechtliche** Vorgehensweise von Willensvollstreckern sowie deren fehlende persönliche Eignung sein (bspw. Abwesenheit, fehlende Handlungsfähigkeit, generelle Unfähigkeit, Interessenkonflikte oder Krankheit).[272]

151 Praxisbeispiele (beschwerdefähig): [273]

- Die Modalitäten der Honorierung (bspw. Bezug von Akontozahlungen und Vorschüssen). Demgegenüber ist die Frage der Angemessenheit des Honorars (Art. 517 Abs. 3 ZGB) als materiell-rechtliche Frage ausschliesslich durch ein Zivilgericht zu prüfen
- Das verspätete Einreichen letztwilliger Verfügungen zur amtlichen Eröffnung
- Die willkürliche Vorenthaltung von Erbschaftssachen durch Willensvollstrecker
- Die Gewährung von Akontozahlungen aus Mitteln, die von Willensvollstreckern für die Nachlassverwaltung nicht benötigt werden[274]
- Die Vertrauenswürdigkeit von Willensvollstreckern
- Das Verweigern oder Unterlassen von Auskünften
- Die formelle Mandatsführung und die Zweckmässigkeit von Massnahmen

---

271 Beispiele zitiert aus ITEN, Verantwortlichkeit, N 91 m.w.H.
272 BGer 5D_136/2015 vom 18.4.2016, E. 5.2; ITEN, Verantwortlichkeit, N 73 m.w.H.
273 Beispiele zitiert aus DEMSELBEN, a.a.O. N 92 m.w.H.
274 N 518 ff.

- Die willkürliche Festlegung der Verkaufspreise von Liegenschaften, die zum Nachlass gehören. Ebenso die fehlende Mitwirkung bei der Übertragung von Liegenschaften aus dem Nachlass
- Die Nichterfüllung von Vermächtnissen
- Die fehlende persönliche Eignung von Willensvollstreckern

d. Sanktionen

Bevor die Aufsichtsbehörde das Verhalten eines Willensvollstreckers sanktionieren kann, muss dieser **konkret** gegen eine formell-rechtliche Pflicht verstossen haben. Einer bloss abstrakten Gefährdung kann nur auf dem Weg eines Zivilverfahrens wirksam entgegengetreten werden.[275]   152

Stellt die Aufsichtsbehörde eine konkrete Pflichtverletzung fest, sanktioniert sie den Willensvollstrecker nach dem Prinzip der **Stufenfolge,** wonach Präventivmassnahmen vor Sanktionen und mildere vor schärferen Sanktionen ausgesprochen werden.[276] Die Aufsichtsbehörde kann auch einzelne Sanktionen miteinander **kombinieren.**[277]   153

Praxisbeispiele:[278]   154

- Absetzung (Amtsenthebung)
- Anordnung zweckdienlicher Massnahmen
- Empfehlungen, Ermahnungen, Weisungen und Verwarnungen
- Ordnungsbussen und weitere Strafen nach Art. 292 StGB

e. Absetzung

Die Absetzung von Willensvollstreckern im Beschwerdeverfahren stellt die massivste Sanktion im Sinne einer **ultimo ratio** dar.[279] Sie ist nur zulässig, wenn ein   155

---

275 Iten, Verantwortlichkeit, N 72 m.w.H.

276 BGer 5D_136/2015 vom 18.4.2016, E. 5.3; 5A_794/2011 vom 16.2.2012, E. 3.1; Iten, Verantwortlichkeit, N 149 m.w.H.

277 Derselbe, a.a.O. N 150 m.w.H.

278 Beispiele zitiert aus demselben, a.a.O.

279 BSK ZGB II-Karrer/Vogt/Leu, Art. 518 ZGB N 103; Iten, Verantwortlichkeit, N 150 f. m.w.H.

wichtiger Grund vorliegt (Unfähigkeit oder schwere Pflichtverletzungen).[280] Ob den Willensvollstrecker ein Verschulden trifft oder nicht, ist unerheblich.[281]

---

156   **Praxisbeispiele:[282]**

- Willensvollstrecker verletzen wiederholt ihre Aufgaben oder überschreiten wiederholt ihre Befugnisse.
- Willensvollstrecker verwenden Geld aus dem Nachlassvermögen zur Rückzahlung persönlicher Darlehen.
- Willensvollstrecker tätigen Mischgeschäfte (bspw. Kreditgewährung an Dritte).
- Willensvollstrecker leiden an schweren, voraussichtlich länger andauernden Krankheiten.
- Willensvollstrecker verreisen für längere Zeit ins Ausland.
- Willensvollstrecker sind gänzlich unqualifiziert (fachlich oder persönlich).
- Willensvollstrecker gefährden in konkreter Weise das ihnen anvertraute Vermögen.
- Absetzung von Willensvollstreckern zur Sicherung rechtshängiger Erbansprüche.
- Absetzung wegen Nichtausrichtung von Vermächtnissen aus Nachlässigkeit.

---

2.   Berufs- und standesrechtlich

157   Ob sich Willensvollstrecker berufs- und/oder standesrechtlich zu verantworten haben, hängt von ihrer **beruflichen Tätigkeit** ab.[283]

a.   Berufssparten

158   Berufs- und/oder standesrechtliche Normierungen bestehen sowohl für Anwälte und Notare als auch für Beamte, Behördenmitglieder, Banken, Versicherungen und Treuhänder.[284]

b.   Rechtsgrundlagen

159   Berufsspezifische und standesrechtliche Rechtsquellen finden sich auf der Ebene von Bundesgesetzen (bspw. Anwaltsgesetz[285], Bankgesetz, Versiche-

---

280   BGer 5D_136/2015 vom 18.4.2016, E. 5.3.
281   Iten, Verantwortlichkeit, N 153 m.w.H.
282   Beispiele zitiert aus demselben, a.a.O.
283   Derselbe, a.a.O. N 61 m.w.H.
284   Derselbe, a.a.O. N 62 m.w.H.
285   BGer 2C_1086/2016 vom 10.5.2017, E. 2.1: die Willensvollstreckertätigkeit eines Anwalts untersteht der anwaltlichen Aufsicht.

rungsgesetz), auf kantonaler Gesetzesstufe (bspw. Beurkundungs- und Notariatsgesetze) sowie in Form privatrechtlicher Selbstregulierungsvereinbarungen (bspw. Ärzte, Anwälte, Banken, Treuhänder).[286]

c. Verfahren

Die Verletzung von Berufs- und Standesregeln lässt sich mit einer Disziplinarbeschwerde an die jeweilige **Aufsichtsbehörde** rügen. Als **Sanktionen** kommen die Massnahmen infrage, die im anwendbaren Berufs- oder Standesrecht vorgesehen sind.[287]   160

3. Zivilrechtlich

Die primäre Haftungsgrundlage der zivilrechtlichen Verantwortlichkeit von Willensvollstreckern ist nicht vertraglich, sondern **vertragsähnlich.**[288] Willensvollstrecker haben die ihnen übertragenen Aufgaben **wie Beauftragte** zu besorgen.[289]   161

Willensvollstrecker haften gegenüber **Erben, Vermächtnisnehmern** und **Nachlassgläubigern** auf der Grundlage von Art. 518 Abs. 2 ZGB i.V.m. Art. 398 Abs. 2 OR analog und i.V.m. Art. 97 Abs. 1 OR für eine getreue und sorgfältige Mandatsführung.[290]   162

Der **Haftungsmassstab** richtet sich wie bei Dienstleistungsaufträgen nach der Qualität der Leistung des Willensvollstreckers und nicht nach dem tatsächlich erzielten Erfolg.[291] Entscheidend ist m.a.W. die **Sorgfalt,** die ein Willensvollstrecker in einer konkreten Situation aufgewendet hat.[292]   163

a. Haftungsvoraussetzungen

Damit Willensvollstrecker ersatzpflichtig gemacht werden können, müssen folgende vier Voraussetzungen **kumulativ** erfüllt sein: 164

---

286   ITEN, Verantwortlichkeit, N 64 m.w.H.
287   DERSELBE, a.a.O. m.w.H.
288   HaftpflichtKomm-ITEN, Art. 518 ZGB N 7.
289   BGE 142 III 9, E.E. 4.3.
290   BGer 5A_363/2017 vom 22.2.2018, E. 5.2.2; HaftpflichtKomm-ITEN, Art. 518 ZGB N 34.
291   DERSELBE, a.a.O. N 35.
292   N 50 ff.

165 (1) **Pflichtwidrigkeit:** Der Willensvollstrecker kann seinen Auftrag nicht oder nicht mehr richtig erfüllen.[293]

166 (2) **Schaden:** Ein Erbe, Vermächtnisnehmer oder Nachlassgläubiger erleidet einen unmittelbaren Schaden.[294]

167 (3) **Kausalzusammenhang:** Es gibt einen natürlichen und adäquaten Kausalzusammenhang zwischen der Pflichtwidrigkeit und dem Schaden.[295]

168 (4) **Verschulden:** Der Willensvollstrecker kann seine Unschuld nicht nachweisen (Exkulpation).[296]

b. Pflichtwidrigkeit

169 Willensvollstrecker, die ihren primären[297] oder sekundären[298] **Leistungsauftrag verletzen,** begehen eine Pflichtwidrigkeit, wofür sie den Erben, Vermächtnisnehmern und Nachlassgläubigern persönlich verantwortlich sind.

c. Schaden

170 Gemäss der **Differenztheorie** entspricht der Schaden der Differenz zwischen dem aktuellen Vermögen und dem Vermögen vor dem Eintritt des schädigenden Ereignisses. Voraussetzung ist, dass es sich um eine **unfreiwillige Vermögensverminderung** handelt. Sie kann aus einer Verminderung der Aktiven, einer Vermehrung der Passiven oder aus entgangenem Gewinn bestehen.[299]

171 Grundsätzlich kann Schadenersatz nur fordern, wer in seinen persönlichen Rechtsgütern **unmittelbar** beeinträchtigt worden ist **(direkter Schaden).**[300] Wird eine Person indirekt, also bloss **mittelbar** geschädigt, erleidet sie einen **Reflexschaden.** Für die Deckung ihres Reflexschadens muss sich die geschädigte Person deshalb an den Direktgeschädigten halten, mit dem sie regelmässig durch ein obligatorisches Verhältnis verbunden ist.[301]

---

293 HaftpflichtKomm-ITEN, Art. 518 ZGB N 34 ff.
294 DERSELBE, a.a.O. N 50 ff.
295 DERSELBE, a.a.O. N 60 ff.
296 DERSELBE, a.a.O. N 64 ff.
297 N 36 ff.
298 N 41 ff.
299 BGE 127 III 543, E. 2b = Pra 90 (2001), Nr. 194.
300 BK-BREHM, Art. 41OR N 17 ff.
301 HaftpflichtKomm-ITEN, Art. 518 ZGB N 52 m.w.H.

Schädigt der Willensvollstrecker das Nachlassvermögen, so schädigt er in erster 172
Linie die Erben als dinglich berechtigte Gesamteigentümer, denen der Nachlass als Ganzes mit dem Tod des Erblassers zufällt (Art. 560 i.V.m. Art. 602
Abs. 1 und 2 ZGB).[302] Daraus folgt, dass Willensvollstrecker, die das Nachlassvermögen beeinträchtigen, den **Erben** einen **direkten** und den **Vermächtnisnehmern** regelmässig einen (indirekten) **Reflexschaden** verursachen.[303]

Bevor Vermächtnisnehmer eine zivilrechtliche Verantwortlichkeitsklage gegen 173
Willensvollstrecker erheben, müssten sie versuchen, sich mit einer **Vermächt-
nisklage** gegen die beschwerten Erben nach Massgabe von Art. 562 Abs. 3 ZGB
schadlos zu halten.[304]

Aus denselben Gründen wie Vermächtnisnehmer erleiden auch **Nachlassgläu- 174
biger** i.d.R. einen Reflexschaden, wenn ein Willensvollstrecker ihre Forderung
pflichtwidrig nicht aus Mitteln der Erbschaft erfüllt. Nachlassgläubiger müssen einen allfälligen Schaden deshalb in erster Linie gegenüber allen persönlich und solidarisch mithaftenden Erben geltend machen (i.d.R. aus Vertrag),
bevor eine Haftung der Willensvollstrecker infrage kommt.[305]

d. Verschulden

Willensvollstrecker haften für **jedes Verschulden,** also auch für leichte Fahrläs- 175
sigkeit (Art. 99 Abs. 1 OR).[306]

Zur Beurteilung des Verschuldens im Allgemeinen und der Fahrlässigkeit im 176
Besonderen werden die Grundsätze des **Auftragsrechts** (Art. 398 Abs. 1 OR)
analog angewendet.[307] Entsprechend sind Willensvollstrecker zur gleichen
Sorgfalt verpflichtet wie Arbeitnehmer im Arbeitsverhältnis nach Art. 321e
Abs. 2 OR (objektivierter Fahrlässigkeitsbegriff mit normativer Kraft).[308]

Nach der Rechtsprechung des Bundesgerichts handelt fahrlässig, wer in seiner 177
Tätigkeit nicht die **Sorgfalt**[309] anwendet, die nach objektiven Kriterien geschul-

---

302 BGE 144 III 217, E. 5.2.6.
303 BGE 144 III 217, E. 5.2.6.
304 BGE 144 III 217, E. 5.2.6.
305 HaftpflichtKomm-Iten, Art. 518 ZGB N 57 m.w.H.
306 Derselbe, a.a.O. N 65 m.w.H.
307 Derselbe, a.a.O. N 68 m.w.H.
308 Derselbe, a.a.O. N 68 m.w.H.
309 N 50 ff.

det ist.[310] Fahrlässigkeit besteht mit anderen Worten in einer **Sorgfaltspflicht-verletzung.**[311]

178 Eine besondere Art von Sorgfaltspflichtverletzung ist das **Übernahmever-schulden.** Willensvollstrecker, die keine Ahnung haben, wie ein Nachlass abzuwickeln ist, und dieses Amt trotzdem annehmen, können sich im Scha-denfall nicht mit ihrer eigenen persönlichen Unfähigkeit rechtfertigen.[312] Des-halb begehen Willensvollstrecker ein Übernahmeverschulden, wenn sie wis-sen oder zumindest wissen sollten, dass ihnen die Fähigkeiten für eine korrekte Mandatsführung fehlen.[313]

179 **Praxisbeispiele:**

- Auslandbezug[314]
- Buchführung[315]
- Immobilien[316]
- Kunstnachlässe[317]
- Prozessführung (inkl. Schuldbetreibung und Konkurs)[318]
- Steuern[319]
- Unternehmensnachfolge[320]
- Vermögensverwaltung[321]

e. Haftungsprävention

180 In unserem Geschäftsalltag nimmt die **Komplexität** laufend zu. Hinzu kommt, dass die fachlichen **Anforderungen** an Willensvollstrecker **strenger** werden, da die Praxis laufend neue Sorgfaltspflichten entwickelt und die Fallkonstel-

---

310 BGE 115 II 62, E. 3.
311 HaftpflichtKomm-Iten, Art. 518 ZGB N 69 m.w.H.
312 Vgl. BGE 124 III 155, E. 3b; BGer 5C.119/2004, E. 3.3.
313 HaftpflichtKomm-Iten, Art. 518 ZGB N 112 m.w.H.
314 Derselbe, a.a.O. N 115 m.w.H.
315 Derselbe, a.a.O. N 116 ff. m.w.H.
316 Derselbe, a.a.O. N 119 f. m.w.H.
317 Derselbe, a.a.O. N 121 m.w.H.
318 Derselbe, a.a.O. N 122 m.w.H.
319 Derselbe, a.a.O. N 123 ff. m.w.H.
320 Derselbe, a.a.O. N 126 m.w.H.
321 Derselbe, a.a.O. N 127 ff. m.w.H.

lationen verschärft, die ein **Übernahmeverschulden** begründen.[322] Entsprechend gross ist das Bedürfnis nach wirksamen Massnahmen, um das Risiko einer Haftung zu minimieren.

Willensvollstrecker können einer Haftung möglicherweise entgehen, indem sie   181
einen **Haftungsausschlussgrund** geltend machen. Solche Gründe sind insbesondere die Berufs- und Amtspflicht, Unvorhersehbarkeit und Unvermeidbarkeit, Unzumutbarkeit sowie Dringlichkeit.[323]

Ein probates Mittel zur Haftungsprävention ist die **Einwilligung** der Betroffe-   182
nen zu bevorstehenden Massnahmen. Denn diese schliesst eine zivilrechtliche Verantwortlichkeit der Willensvollstrecker aus, weil sie die betroffenen Erben, Vermächtnisnehmer und Nachlassgläubiger in die Verantwortung miteinbezieht.[324] Dies setzt einen gezielten Umgang des Willensvollstreckers mit Informationen voraus.[325]

Vorsichtige Willensvollstrecker kündigen geplante Massnahmen im Zweifels-   183
fall den betroffenen Erben, Vermächtnisnehmern und Nachlassgläubigern **rechtzeitig** an und räumen ihnen eine angemessene **Widerspruchsfrist** ein. Sie weisen sie darauf hin, dass sie ohne fristgerechten Einwand von ihrer vorbehaltlosen **Zustimmung** ausgehen und die geplanten Massnahmen vollziehen werden.[326]

Praxisbeispiele:[327]   184

- Willensvollstrecker, die den Erben vorgängig eine angemessene Frist zur Stellungnahme bzw. zum Widerspruch einräumen, handeln sorgfältig.
- Nach unbenutztem Ablauf der Widerspruchsfrist dürfen gutgläubige (Art. 3 ZGB) Willensvollstrecker die angekündigten Massnahmen vollziehen, ohne dass ihnen die Erben später ein Fehlverhalten vorwerfen können.
- Einwilligungen können vorgängig eingeholt oder auch nachträglich durch Genehmigung erteilt werden.

---

322   ITEN, Verantwortlichkeit, N 476 ff.
323   HaftpflichtKomm-ITEN, Art. 518 ZGB N 72 m.w.H.
324   DERSELBE, a.a.O. N 75 m.w.H.; ITEN, Verantwortlichkeit, N 409, 427 ff. m.w.H.
325   N 64 ff.
326   HaftpflichtKomm-ITEN, Art. 518 ZGB N 75 m.w.H.; DERSELBE, Verantwortlichkeit, N 425 f. m.w.H.
327   Beispiele zitiert aus DEMSELBEN, a.a.O. N 511 m.w.H.

185 Die Haftung entfällt sodann für Massnahmen, die entweder von einer **Aufsichtsbehörde** ausdrücklich gebilligt wurden[328] oder auf ein Urteil eines **Zivil-** oder **Schiedsgerichts**[329] abgestützt sind.

186 Es gibt Konstellationen, in denen Willensvollstrecker nicht nur berechtigt, sondern verpflichtet sind, gewisse Teilbereiche ihres Mandats auf **Dritte** zu **übertragen.**[330] Dies ist der Fall, wenn Willensvollstrecker für die sorgfältige Abwicklung auf spezielles Fachwissen angewiesen sind. Es handelt sich m.a.W. um Sachverhalte, bei denen die persönliche Amtsführung im Wissen um das fehlende Fachwissen ein **Übernahmeverschulden** begründen würde, für das sich Willensvollstrecker gegenüber Erben, Vermächtnisnehmern und Nachlassgläubigern zivilrechtlich zu verantworten haben.[331]

187 In der Praxis ziehen viele Willensvollstrecker punktuell **Fachpersonen** bei, um ihr Haftungsrisiko zu minimieren.[332] Sie bleiben den Erben, Vermächtnisnehmern und Nachlassgläubigern auf jeden Fall persönlich verantwortlich für die Auswahl, Instruktion und Überwachung der beigezogenen Experten.[333] Ein **Gutachten** einer Fachperson einzuholen, kann eine Alternative dazu sein.[334]

188 Empfehlenswert ist der Abschluss einer passenden **Berufshaftpflichtversicherung** für professionelle Willensvollstrecker (Abwehr unbegründeter Ansprüche sowie Entschädigung begründeter Ansprüche).[335]

4. Strafrechtlich

189 Willensvollstrecker unterstehen der Strafrechtsgesetzgebung, und zwar unabhängig davon, ob es sich um eine **natürliche** oder eine **juristische Person** handelt.[336]

---

328 HaftpflichtKomm-ITEN, Art. 518 ZGB N 79 m.w.H.
329 DERSELBE, a.a.O. N 76 m.w.H.
330 DERSELBE, a.a.O. N 133 m.w.H.
331 N 178 f.
332 N 139.
333 N 137 f.
334 HaftpflichtKomm-ITEN, Art. 518 ZGB N 113 m.w.H.
335 BK-KÜNZLE, Art. 517–518 ZGB, N 448.
336 ITEN, Verantwortlichkeit, N 53 m.w.H.

Mögliche Straftatbestände finden sich im Schweizerischen **StGB** sowie im   190
Nebenstrafrecht (bspw. Steuerstrafrecht[337] sowie allgemeines Verwaltungs-
strafrecht).[338]

Das **Strafantragsrecht** steht bei strafbaren Handlungen zum Nachteil einer   191
Erbengemeinschaft jedem Erben einzeln zu (Art. 115 Abs. 1 StPO i.V.m. Art. 30
Abs. 1 StGB). Zivilrechtliche Ansprüche können die Erben bis zur Erbteilung
allerdings nur gemeinsam geltend machen.[339]

Praxisbeispiele:[340]   192

- Arglistige Vermögensschädigung (Art. 151 StGB)
- Betrug (Art. 146 StGB)
- Hehlerei (Art. 160 StGB)
- Sachbeschädigung (Art. 144 StGB)
- Ungetreue Geschäftsbesorgung (Art. 158 StGB)
- Urkundenfälschung (Art. 251 ff. StGB)
- Verletzung des Amts- und Berufsgeheimnisses (Art. 320 f. StGB)
- Veruntreuung (Art. 138 StGB)

---

337 PraxKomm Erbrecht-NIEDERER/WÜRSTEN, Anhang Steuern N 298 ff.
338 ITEN, Verantwortlichkeit, N 53, 55 m.w.H.
339 BGE 141 IV 380, E. 2.3.4–2.5.
340 Beispiele aus ITEN, Verantwortlichkeit, N 54 m.w.H.

II. Die Willensvollstreckung in fünf Phasen

Jede Willensvollstreckung ist anders. Bestimmte Abläufe und Arbeiten fallen jedoch bei allen Willensvollstreckungen an – und zwar unabhängig von der Komplexität des Mandats und dem Wert des Nachlassvermögens. Daher ist es gerade bei Nachlässen von geringem Wert unabdingbar, sich auf wesentliche **Aufgaben** zu beschränken und diese effizient zu erledigen, damit sich die **Kosten** rechtfertigen lassen, sowohl betriebswirtschaftlich als auch gegenüber den Erben. 193

Aufgrund der zunehmenden Komplexität genügt es nicht, wenn sich Willens-vollstrecker ausschliesslich auf ihre Erfahrung und Routine verlassen: Die zahl-reichen administrativen Aufgaben sollten **strukturiert** und zum passenden **Zeitpunkt** erledigt werden. 194

195

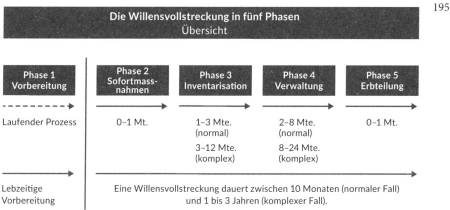

Abb. 4: Fünf-Phasen-Modell der Willensvollstreckung.
Quelle: Dr. iur. Marc'Antonio Iten

Im ersten Teil dieses Handbuches wurden Sie in die theoretischen Grundlagen der **Aufgaben** und **Befugnisse** von Willensvollstreckern eingeführt.[341] Wir haben festgestellt, dass die Willensvollstreckung im Kern aus einem **Auftrag** besteht.[342] 196

---

341 N 1 ff.
342 N 33 ff.

197   Ohne anderslautende letztwillige Anordnungen der Erblasser sollen Willens-vollstrecker gemäss Art. 518 Abs. 2 ZGB die Erbschaft verwalten, die Nachlass-schulden tilgen, die Vermächtnisse ausrichten, die Erbteilung vorbereiten (inkl. der güterrechtlichen Auseinandersetzung) und sie gemäss dem Erbteilungs-vertrag der Erben vollziehen.

198   Willensvollstrecker sind verpflichtet, ihren Auftrag **sorgfältig** anzugehen, sobald sie ihr Amt angenommen haben, bis sie den Auftrag erfüllt oder das Amt vorzeitig niedergelegt haben.[343] Wenn sie ihren Auftrag schlecht oder gar nicht erfüllen, sind sie den Erben, Vermächtnisnehmern und Nachlassgläubi-gern **zivilrechtlich verantwortlich**.[344]

199   Jede Willensvollstreckung lässt sich in fünf zeitlich aufeinanderfolgende Pha-sen gliedern. Diese Tatsache wird nachfolgend als das **Fünf-Phasen-Modell der Willensvollstreckung** bezeichnet. In der Phase 1 geht es um lebzeitige Vorbereitungen. Die weiteren Phasen betreffen die Umsetzung nach dem Tod der Erblasser. Es sind dies die Sofortmassnahmen (Phase 2), die Inventarisa-tion des Nachlassvermögens (Phase 3), die Verwaltung der Erbschaft (Phase 4) und schliesslich der Vollzug der Erbteilung (Phase 5).

200   Auf den folgenden Seiten wird detailliert erläutert, welche konkreten Aufga-ben der Auftrag eines Willensvollstreckers im Rahmen der Sofortmassnahmen **(Phase 2)**,[345] der Inventarisation **(Phase 3)**,[346] der Verwaltung **(Phase 4)**[347] sowie der Erbteilung **(Phase 5)** beinhaltet.[348]

201   In diesem Handbuch ist jede der fünf Phasen der Willensvollstreckung in einem eigenen Kapitel beschrieben und kommentiert. Jedes Kapitel thematisiert die massgeblich involvierten Personengruppen (Ehegatten, Erben, Vermächtnisneh-mer, Nachlassgläubiger), das Nachlassvermögen (Bankguthaben, Versicherun-gen, Mobiliar, andere Guthaben, Immobilien, Beteiligungen an Unternehmen), die Administration (Erbschaftsverfahren, Steuerverfahren, Nachlassbuchhaltung, Dokumentation, digitaler Nachlass) sowie die Handlungen, die für die Erbteilung relevant sind. Die wichtigsten Massnahmen sind am Ende jedes Kapitels in einer praxisorientierten **Checkliste**[349] für Willensvollstrecker zusammengefasst.

---

343   N 50 ff.
344   N 161 ff.
345   N 224 ff.
346   N 253 ff.
347   N 357 ff.
348   N 545 ff.
349   N 223 Checkliste Phase 1; N 254 Checkliste Phase 2; N 356 Checkliste Phase 3; N 544 Checkliste Phase 4; N 574 Checkliste Phase 5.

A. Phase 1: Vorbereitung zu Lebzeiten der Erblasser

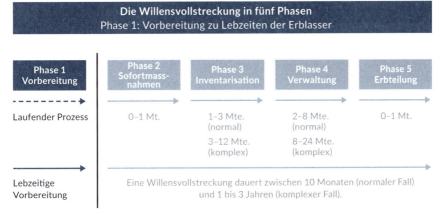

202

Abb. 5: Phase 1 – Die Vorbereitung zu Lebzeiten der Erblasser.
Quelle: Dr. iur. Marc'Antonio Iten

Eine Willensvollstreckung beginnt nicht erst mit dem Tod des Erblassers, sondern mit den vorbereitenden Massnahmen zu dessen Lebzeiten. Diese Vorbereitungen bilden die **Phase 1** im Fünf-Phasen-Modell der Willensvollstreckung.[350]

203

Die Vorbereitung zu Lebzeiten **beginnt,** sobald die Absicht eines zukünftigen
Erblassers bekannt ist, eine bestimmte Person als Willensvollstrecker zu ernennen, und **endet** mit der Kenntnis vom Tod dieses Erblassers.

204

Die Gefahr, dass Vermögenswerte aus dem Nachlass beiseitegeschafft oder verschleiert werden, ist in den ersten Tagen nach dem Tod der Erblasser am grössten. Deshalb ist es wichtig, dass Erblasser sicherstellen, dass ihr Willensvollstrecker **umgehend** von ihrem **Tod erfährt,** damit er zeitnah tätig werden kann
und – falls nötig – geeignete Sofortmassnahmen[351] ergreift.

205

---

350 N 199.
351 N 224 ff.

1. Involvierte Personengruppen: Künftige Erblasser und ihre Ehegatten

206 Willensvollstrecker sollen zunächst das **Vertrauen** der künftigen Erblasser aufbauen und gewinnen. Die konkrete vermögens- und zivilrechtliche Situation sowie weitere für den Nachlass relevante Umstände sind genau abzuklären, um den **Beratungsbedarf** abzuschätzen. Willensvollstrecker sollten in ihrer Beratungstätigkeit stets bedenken, dass sie die vorgeschlagene Nachlassregelung nach dem Tod der Erblasser vollziehen und gegenüber den Erben vertreten müssen.[352]

207 Zur lebzeitigen Vorbereitung eines Willensvollstreckermandats zählen sowohl die Instrumente der klassischen **Nachlassplanung** mit Ehevertrag, Erbvertrag und Testament als auch eine weitsichtige **Vermögensplanung** und -strukturierung. Hinzu kommen evtl. personenbezogene Anordnungen für den Todesfall[353] sowie bei Bedarf eine Regelung für den digitalen Nachlass.

208 Sobald der Nachlass geregelt wurde, sollten Willensvollstrecker etwa **alle fünf Jahre** überprüfen, ob die Regelung noch mit der aktuellen Lebenssituation der künftigen Erblasser übereinstimmt. Bei Bedarf muss die bestehende Nachlassregelung angepasst werden.

2. Vermögen

209 Stehen die Ziele der Nachlassplanung fest, ist zu prüfen, ob sie mit der **Vermögenssituation** des künftigen Erblassers und dessen Ehegatten umsetzbar ist, oder ob das Vermögen neu strukturiert werden muss, damit es sich später leichter aufteilen lässt.

210 Sind Erblasser oder ihre Ehegatten an Unternehmen beteiligt, bedarf es einer frühzeitigen Planung der **Unternehmensnachfolge,** um die Fortführung des Unternehmens in personeller und wirtschaftlicher Hinsicht zu sichern. Unternehmern stehen neben den Möglichkeiten des Ehe- und Erbrechts auch die gesellschaftsrechtlichen Gestaltungsmittel zur Verfügung. Eine seriöse Nachfolgeplanung nutzt die ganze Klaviatur dieser Instrumente aus und stimmt sie optimal aufeinander ab.

211 Bevor die Nachlass- und Nachfolgeplanung definitiv geregelt wird, sind die **steuerlichen** Konsequenzen zu prüfen.

---

352 N 15.
353 N 39.

3. Administration

Je besser Willensvollstrecker die Dokumentation und **Planung** zu Lebzeiten der Erblasser vorbereiten, desto effektiver können sie ihr Mandat erfüllen – insbesondere in den Anfangsphasen nach dem Tod der Erblasser.   212

a. Dokumentation

Willensvollstrecker zeigen künftigen Erblassern auf, wo diese welche **Dokumente** am besten aufbewahren.[354] Sie bringen in Erfahrung, welche **Eigengüter** den Ehegatten gehören, und dokumentieren sie nach Möglichkeit in beweisbarer Form.   213

Die **Nachlassregelung** soll im Todesfall möglichst schnell gefunden und zur amtlichen Eröffnung eingereicht werden. Es ist nicht sinnvoll, die Originaldokumente beim Erblasser zuhause aufzubewahren, weil unklar ist, wer sie dereinst finden wird.   214

Es gibt eine Reihe wichtiger Angaben und Dokumente, die sich Willensvollstrecker bereits zu Lebzeiten der Erblasser **beschaffen** sollten. Eine Übersicht befindet sich in der Checkliste.[355]   215

b. Digitaler Nachlass

Künftige Erblasser sollten sicherstellen, dass nach ihrem Tod geeignete Personen **Zugang** haben zu ihren elektronischen Datenträgern (Cloud-Dienste, Harddisks, Laptops, PCs, Smartphones, USB-Sticks etc.), E-Mail-Konten, Profilen in sozialen Netzwerken (Facebook, Instagram, LinkedIn, Twitter etc.) sowie zu kostenpflichtigen Online-Diensten (Amazon, iTunes, Portale für Kryptowährungen, YouTube etc.).[356]   216

Idealerweise lassen sich Willensvollstrecker von den künftigen Erblassern in einem verschlossenen Couvert ein Verzeichnis mit den **Benutzernamen (ID)** und **Passwörtern** aushändigen. Diese Informationen sollten mindestens einmal pro Jahr aktualisiert werden. Essenziell sind in jedem Fall die Zugangsdaten (ID und Passwort) zu den Computern der Erblasser.   217

---

354 N 223 Checkliste Phase 1.
355 N 223 Checkliste Phase 1.
356 KÜNZLE, digitaler Nachlass, S. 48.

218 Es gibt zahlreiche **digitale Vererbungsdienste** (bspw. <www.deinadieu.ch>, SecureSafe), bei denen man Zugangsdaten und wichtige Dokumente für den Todesfall speichern kann. Diese Dienste kann man anweisen, an wen diese Informationen im Todesfall weitergegeben werden sollen.[357] Solche Dienste haben sich in der Praxis noch nicht definitiv durchgesetzt, weshalb sie zum heutigen Zeitpunkt mit Vorsicht zu empfehlen sind.

219 **Praxistipp:**

– **Zugangsdaten.** Künftige Erblasser sollten sich regelmässig einen Überblick über ihre Online-Aktivitäten verschaffen. Die aktuellen Zugangsdaten sollten für jedes Nutzerkonto aufgelistet werden, damit Willensvollstrecker später darauf zugreifen können.

– **Sicherheit.** Künftige Erblasser sollen ihre Zugangsdaten sicher aufbewahren (evtl. USB-Stick) und dem Willensvollstrecker den Aufbewahrungsort und den Schlüssel dazu mitteilen (z.B. Passwort). Eventuell kann dafür ein digitaler Vererbungsdienst eingesetzt werden.[358]

– **Testament.** Im Testament sollte geregelt werden, was mit dem digitalen Nachlass geschehen soll: Wer soll Zugang zu welchen Daten und Internetdiensten erhalten, und wer soll was löschen?

– **Datenhygiene.** Daten (private E-Mails, Fotos etc.), die nicht mehr gebraucht werden oder zu denen niemand Zugang erhalten darf, sollten von Zeit zu Zeit gelöscht werden.

c. Übrige administrative Tätigkeiten

220 Willensvollstrecker können erst tätig werden, wenn sie vom Tod der Erblasser erfahren. Es ist deshalb unbedingt darauf zu achten, dass Willensvollstrecker sicherstellen, dass sie im Todesfall von den Angehörigen oder dem Bestattungsamt **zeitnah informiert** werden.

---

357 Dazu ausführlich KÜNZLE, digitaler Nachlass, S. 49 m.w.H.
358 Bspw. <www.deinadieu.ch>, SecureSafe.

Praxistipp: 221

– In zahlreichen Kantonen kann man Ehe- und Erbverträge und zum Teil auch letztwillige Verfügungen bei einer amtlichen Depotstelle hinterlegen.[359]

– Künftige Erblasser sollten die Gemeindeverwaltung an ihrem Wohnort darum ersuchen, ihren Willensvollstrecker umgehend über ihren Tod zu informieren. Für eine erfolgreiche Willensvollstreckung ist es entscheidend, dass Willensvollstrecker rasch vom Tod der Erblasser erfahren, damit sie ihre letztwilligen Verfügungen unverzüglich bei der zuständigen Behörde einreichen und zeitnah die Ausstellung des Willensvollstreckerzeugnisses beantragen können.[360]

– Periodische «Lebt-noch-Kontrolle»:

  – Regelmässiger Kontakt mit den Erblassern (1× p.a.) und/oder

  – Anfragen beim Einwohneramt / Zivilstandsamt;

  – Suche in geeigneten Internetportalen.[361]

4. Checkliste für Willensvollstrecker

Die Vorbereitung zu Lebzeiten der Erblasser bildet die **1. Phase** im Fünf-Phasen-Modell der Willensvollstreckung.[362] Sie **beginnt** mit der Kenntnis von der Absicht eines zukünftigen Erblassers, eine bestimmte Person als Willensvollstrecker zu ernennen, und **endet** mit der Kenntnis vom Tod dieses Erblassers. 222

Die Willensvollstreckung in fünf Phasen 223

Checkliste Phase 1: Die Vorbereitung zu Lebzeiten der Erblasser

Beginn: Kenntnis von der Absicht, einen Willensvollstrecker zu ernennen

Ende: Kenntnis vom Tod des Erblassers / der Erblasserin

1. **Involvierte Personengruppen: Künftige Erblasser und ihre Ehegatten**

☐ Beratungsbedarf feststellen und mit künftigen Erblassern besprechen

☐ Evtl. bestehende Nachlassregelung anpassen

☐ Evtl. alte Testamente widerrufen bzw. gemäss Auftrag vernichten

---

359 Kantonale Übersicht im Anhang (Erbschaftsverfahren).
360 Kantonale Übersicht im Anhang (Erbschaftsverfahren).
361 Bspw. <www.todesanzeigenportal. ch> (ohne Gewähr auf Vollständigkeit).
362 N 199.

☐ Evtl. Vollmachtenregelung anpassen (Abwesenheit, Krankheit, Urteilsunfähigkeit)

☐ Hinweis an künftige Erblasser, Adressänderungen zeitnah mitzuteilen

☐ Hinweis an künftige Erblasser, wie und wo welche Dokumente aufzubewahren sind:

- Patientenverfügung beim Hausarzt; zusätzlich Registrierung auf Krankenkassenkarte

- Vorsorgeauftrag bei der vorsorgebeauftragten Person, bei einer amtlichen oder einer geeigneten privaten Stelle

- Organspendeausweis im Portemonnaie und/oder beim Hausarzt

- Anordnungen für den Todesfall beim Bestattungsamt oder bei Angehörigen

- Ehevertrag bei einer amtlichen[363] oder privaten Stelle

- Erbvertrag bei einer amtlichen[364] oder privaten Stelle

- Testamente bei einer amtlichen[365] oder privaten Stelle

☐ Bestehende Nachlassregelung sporadisch überprüfen (etwa alle fünf Jahre)

2. Vermögen

☐ Klarheit über die Vermögensstruktur:

- in die Ehe eingebrachte Vermögenswerte (bspw. Eigengüter)

- Investitionen des einen Ehegatten in Vermögenswerte des anderen

- Erbvorbezüge, Darlehen und Schenkungen

- Antiquitäten, Bilder und Schmuck

- Barvermögen und Edelmetalle

- Beteiligungen an Unternehmen

- Liegenschaften

☐ Versicherungen: Welche Risiken sind versichert?

- Lebensversicherungen

- Begünstigtenerklärung (BVG, Säule 3a)

- Leibrenten

- private Rentenversicherungen

☐ Nachlassfähigkeit (Teilbarkeit) des Vermögens prüfen

☐ Evtl. Vermögen neu strukturieren

---

363 Kantonale Übersicht im Anhang (Erbschaftsverfahren).
364 Kantonale Übersicht im Anhang (Erbschaftsverfahren).
365 Kantonale Übersicht im Anhang (Erbschaftsverfahren).

3. Administration

a. Dokumentation

- ☐ Adressliste von Personen, die im Todesfall zu kontaktieren sind
- ☐ AHV-Ausweis
- ☐ Aktuelle Steuererklärung mit Wertschriftenverzeichnis
- ☐ Anordnungen für den Todesfall (Bestattungswünsche)
- ☐ Arbeitgeber / Geschäftspartner
- ☐ Bank- / Postkonti und Vollmachten
- ☐ Darlehensverträge und Erbvorbezüge (Ausgleichungspflicht)
- ☐ Ehevertrag / Angaben zum Güterstand
  - – Eigengut Ehefrau
  - – Eigengut Ehemann
- ☐ Erbvertrag
- ☐ Familienschein oder -büchlein
- ☐ Kostenpflichtige Abonnemente (Übersicht)
- ☐ Kreditkarten
- ☐ Lebenslauf
- ☐ Letztwillige Verfügungen (Testamente)
- ☐ Mitgliedschaften in Genossenschaften, Vereinen etc.
- ☐ Patientenverfügung
- ☐ Vorsorgeauftrag
- ☐ Schrankfächer bei Banken oder private Safes
- ☐ Vermieter / Verwaltung
- ☐ Versicherungspolicen
- ☐ Vollmachten
- ☐ Evtl. weitere

b. Digitaler Nachlass

- ☐ Zugangsdaten (Benutzernamen und Passwörter) für elektronische Geräte, E-Mail-Konten, Social Media etc. sicherstellen
- ☐ Evtl. digitale Vererbungsdienste in Anspruch nehmen[366]

---

366 Bspw. <www.deinadieu.ch>, SecureSafe.

c. Übrige administrative Tätigkeiten

☐ Alle Kundendokumente systematisch und sicher aufbewahren

☐ «Lebt-noch-Kontrolle»:

 – regelmässiger Kontakt mit künftigen Erblassern / Ehegatten (mind. 1× jährlich)

 – evtl. beim Zivilstandsamt / Einwohneramt anfragen (1× jährlich)

 – <www.todesanzeigenportal.ch>

B. Phase 2: Sofortmassnahmen nach dem Tod der Erblasser

224

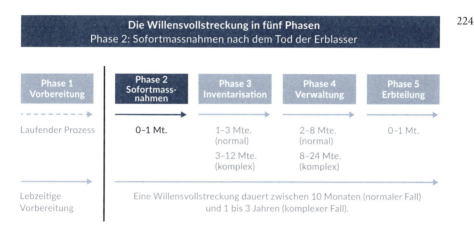

Abb. 6: *Phase 2 – Die Sofortmassnahmen nach dem Tod der Erblasser.*
Quelle: Dr. iur. Marc'Antonio Iten

Die Gefahr, dass Vermögenswerte aus dem Nachlass beiseitegeschafft oder verschleiert werden, ist in den ersten Tagen nach dem Tod der Erblasser am grössten. Deshalb ist es wichtig, dass Willensvollstrecker falls nötig rechtzeitig geeignete **Sofortmassnahmen** veranlassen.   225

Die **Phase 2** im Fünf-Phasen-Modell der Willensvollstreckung umfasst die Sofortmassnahmen nach dem Tod.[367] Sie **beginnt** mit der Kenntnis des Willensvollstreckers vom Tod des Erblassers und **endet** mit dem Eingang des Willensvollstreckerzeugnisses.   226

Praxisbeispiele: 227

– Bankkarten, Schlüssel, Wertgegenstände (Bargeld, Gold, Schmuck etc.) einziehen und sicher lagern

– Nachlassgegenstände fotografieren

– Evtl. amtliches Inventar erstellen lassen (Art. 553 ZGB) oder Siegelung beantragen (Art. 552 ZGB)

---

367   N 199.

> – Evtl. Schlösser auswechseln lassen
> – Evtl. Grundbuch zur Sicherung testamentarischer Ansprüche sperren lassen[368]

1. Involvierte Personengruppen

228   Willensvollstrecker sollen einen rücksichtsvollen Dialog mit den nächsten **Angehörigen** der Erblasser suchen. Sie sollen diese entlasten und nicht zusätzlich belasten.

a. Ehegatten

229   Vor allem für die überlebenden Ehegatten ist der Tod eine einschneidende emotionale Erfahrung. Willensvollstrecker sollten sich deshalb nicht aufdrängen und nur bei Bedarf mit Rat und Tat **helfen**.[369]

b. Erben

230   Willensvollstrecker sollen den Erben in angemessener Form kondolieren und sie bei Bedarf mit Rat und Tat **unterstützen,** ohne sich aufzudrängen, vor allem in den ersten Tagen nach dem Tod.[370]

231   Willensvollstrecker brauchen das **Vertrauen** der Erben. Empathie und Zuhören helfen, dieses Vertrauen aufzubauen.

2. Nachlassvermögen

a. Bargeld, Gold und andere Edelmetalle

232   Vorgefundenes Bargeld, Gold und andere Edelmetalle der Erblasser sollen Willensvollstrecker inventarisieren und den **kontrollierten Zugang** dazu sicherstellen.

233   Um sich vor späteren Vorwürfen zu schützen, sollten wertvolle Gegenstände stets in Anwesenheit geeigneter Drittpersonen **inventarisiert** werden.

---

368   BGer 4A_91/2014 vom 11.7.2014, E. 4.
369   Checkliste für Angehörige im Anhang.
370   Checkliste für Angehörige im Anhang.

b. Bankguthaben

Das **Willensvollstreckerzeugnis** dient als Legitimationsnachweis, um Informations- und Verwaltungs- und Verfügungsbefugnisse auszuüben.[371] Ohne Willensvollstreckerzeugnis werden Willensvollstrecker von den Banken formell nicht anerkannt.

234

Mit dem Tod treten die Erben automatisch in die vertraglichen Rechte und Pflichten des verstorbenen **Bankkunden** ein (Universalsukzession gemäss Art. 560 Abs. 1 ZGB). Entsprechend wird die Bank nach dem Tod eines Bankkunden zur Beauftragten seiner Erben. Von diesem Moment an ist sie verpflichtet, ausschliesslich die **Interessen** der **Erbengemeinschaft** zu wahren (Art. 398 Abs. 2 OR).[372]

235

Wenn Banken vom Tod eines Kunden erfahren, verhängen sie eine **interne Kontosperre,** bis die Erbenstellung geklärt ist (Erbschein) oder Willensvollstrecker ihren Legitimationsnachweis erbringen (Willensvollstreckerzeugnis).[373]

236

Um ungerechtfertigten Belastungen auf Nachlasskonten vorzubeugen, sind Willensvollstrecker deshalb gut beraten, die Banken umgehend über den Tod des Erblassers zu orientieren **(Todesurkunde)** und Vollmachten vorsorglich zu widerrufen.

237

c. Versicherungen

Hatte die verstorbene Person Lebens- und/oder besondere Risikoversicherungen (UVG), sollen Willensverstrecker die Versicherer umgehend benachrichtigen, vor allem bei einem Unfalltod. Denn die allgemeinen Versicherungsbedingungen sehen oft sehr **kurze Meldefristen** vor.

238

d. Hausrat und Wertgegenstände (Mobiliar)

Willensvollstrecker sollen einen **kontrollierten Zugang** zum Haus, zur Wohnung oder zum Heimzimmer der Erblasser sicherstellen.

239

Lebensmittel und andere verderbliche Waren sind umgehend zu entsorgen, und die Post muss an eine geeignete Adresse umgeleitet werden.

240

---

371 N 23.
372 BGer 4C.234/1999 vom 12.1.2000, E. 3d.
373 BRUNNER, S. 120.

241 Befinden sich im Nachlass **wertvolle Gegenstände** (Antiquitäten, Bilder, Kunstgegenstände, Schmuck etc.), sind besondere Sicherheitsvorkehren angezeigt, wie beispielsweise die Einlagerung bei einer externen Stelle, nachdem die Gegenstände inventarisiert und fotografiert worden sind.

e. Immobilien

242 Befinden sich Immobilien im Nachlass, sollte die **Verwaltung** umgehend über den Tod des Eigentümers informiert werden. Haben die Erblasser ihre Liegenschaften selbst verwaltet, ist eine vorübergehende Verwaltung bis zur Erbteilung zu organisieren.

3. Administration

a. Erbschaftsverfahren

243 Haben Willensvollstrecker Kenntnis von letztwilligen Verfügungen, müssen sie alles Notwendige vorkehren, damit diese **unverzüglich** zur amtlichen Eröffnung eingereicht werden (Art. 556 ZGB).[374] Dies gilt auch für vermeintlich ungültige, herabsetzbare und/oder widerrufene letztwillige Verfügungen.[375] Willensvollstrecker dürfen solche Dokumente nicht zurückbehalten.

244 Verschlossene oder versiegelte Dokumente sind keinesfalls zu öffnen. Die Dokumente sind im Todesfall **ungeöffnet** bei der zuständigen Behörde **einzureichen**.[376]

245 **Ehe**- und **Erbverträge** sind zwar grundsätzlich von der Einlieferungspflicht ausgenommen.[377] Enthält eine erbvertragliche Urkunde indes letztwillige Verfügungen, muss sie ebenfalls eingereicht werden.[378]

246 Willensvollstrecker sollen bei der zuständigen Amtsstelle[379] umgehend die Ausstellung einer ausreichenden Zahl von **Willensvollstreckerzeugnissen** beantragen.

---

374 Iten, Verantwortlichkeit, N 559.
375 Vgl. PraxKomm Erbrecht-Christ/Eichner, Art. 518 ZGB N 30.
376 Kantonale Übersicht im Anhang (Erbschaftsverfahren).
377 BGE 90 II 376, E. 6b.
378 Vgl. BSK ZGB II-Huwiler, Art. 556 ZGB N 13 m.w.H.
379 Kantonale Übersicht im Anhang (Erbschaftsverfahren).

b. Dokumentation

Willensvollstrecker sollen die Unterlagen der Erblasser sichten und insbeson- 247
dere Hinweise und Belege über **Vermögenswerte** (Bankbelege, Grundbuchauszüge, Mietverträge, Steuererklärungen, Versicherungspolicen etc.) sowie **zivil-
standsrechtlich** relevante Urkunden sicherstellen (AHV-Ausweis, andere
Ausweise, Familienschein, Todesbescheinigung und Todesurkunde etc.). Eine
Übersicht über weitere Angaben und Dokumente, die benötigt werden, befindet sich in der Checkliste.[380]

c. Digitaler Nachlass

Es geht darum, die **Zugangsdaten** (Benutzernamen und Passwörter) in Erfah- 248
rung zu bringen und den Zugang zu prüfen.

Hardware wie Festplatten, Laptops, PCs, Smartphones, Tablets, USB-Sticks etc. 249
sind sicherzustellen.

d. Übrige administrative Tätigkeiten

War die verstorbene Person berufstätig, sollte ihr Willensvollstrecker umge- 250
hend den **Arbeitgeber** über ihren Tod informieren und mit ihm zusammen
die weiteren Schritte (evtl. Meldungen an SUVA, Unfallversicherungen etc.)
organisieren.

Haustiere sind zu versorgen, bis eine dauerhafte Unterbringung sichergestellt 251
ist.

4. Erbteilungsrelevante Handlungen

Es dürfen **keine** erbteilungsrelevanten Handlungen vorgenommen werden. 252

5. Checkliste für Willensvollstrecker

Die Sofortmassnahmen nach dem Tod bilden die **2. Phase** im Fünf-Phasen- 253
Modell der Willensvollstreckung.[381] Sie **beginnt** mit der Kenntnis vom Tod
eines Erblassers und **endet** mit dem Eingang des Willensvollstreckerzeugnisses.

---

380   N 254 Checkliste Phase 2.
381   N 199.

254   ## Die Willensvollstreckung in fünf Phasen

Checkliste Phase 2: Die Sofortmassnahmen nach dem Tod der Erblasser

Beginn: Kenntnis vom Tod des Erblassers / der Erblasserin

Ende: Eingang des Willensvollstreckerzeugnisses

1.   Involvierte Personengruppen

a.   Ehegatten

☐   In angemessener Form kondolieren

☐   Anordnungen für den Todesfall (Bestattung) unverzüglich weiterleiten oder umsetzen

☐   Bei Bedarf mit Rat und Tat unterstützen[382]

b.   Erben

☐   In angemessener Form kondolieren

☐   Anordnungen für den Todesfall (Bestattung) unverzüglich weiterleiten oder umsetzen

☐   Bei Bedarf mit Rat und Tat unterstützen[383]

☐   Hinweis auf Nichteinmischung bis geklärt ist, ob das Erbe ausgeschlagen wird (Art. 571 ZGB)

2.   Nachlassvermögen

a.   Bargeld, Gold und andere Edelmetalle

☐   Inventarisieren (nicht alleine, Kollektivunterschrift)

☐   Evtl. sichern

b.   Bankguthaben

☐   Evtl. Todesfall melden

☐   Evtl. Vollmachten widerrufen

☐   Evtl. Bankkarten sicherstellen

c.   Versicherungen

Säule 3b: Lebens- und besondere Risikoversicherungen

☐   Unfalltod: sofort telefonisch benachrichtigen

---

382   Checkliste für Angehörige im Anhang.

383   Checkliste für Angehörige im Anhang.

d. Hausrat und Wertgegenstände (Mobiliar)

☐ Haus / Wohnung / Heimzimmer sichern

☐ Wohnung / Heimzimmer räumen (lassen)

☐ Lebensmittel (Kühlschrank) entsorgen

☐ Evtl. Siegelung beantragen oder Schlösser auswechseln lassen

☐ Regelmässig Briefkasten leeren / Post umleiten

☐ Wertsachen inventarisieren (nicht alleine), fotografieren und evtl. sichern

☐ Zugang zu Antiquitäten, Kunst, Schmuck etc. kontrollieren

e. Immobilien

☐ Überblick verschaffen

☐ Verwaltung kontaktieren

☐ Keine Liegenschaftenverwaltung: Verwaltung sicherstellen

3. Administration

a. Erbschaftsverfahren

☐ Erbverträge, Testamente (und Nachträge) unverzüglich der zuständigen Behörde zur amtlichen Eröffnung einreichen[384]

☐ Annahme oder Ablehnung des Willensvollstreckungsmandats innerhalb von 14 Tagen ab Anfrage der zuständigen Behörde melden[385]
Achtung: Stillschweigen gilt als Annahme (Art. 517 Abs. 2 ZGB)

☐ Willensvollstreckerzeugnis in ausreichender Zahl beantragen[386]

b. Dokumentation

☐ AHV-Ausweis: Unterlagen des Erblassers

☐ Weitere Ausweise (Pass, ID, Personalausweis): Unterlagen des Erblassers

☐ Ärztliche Todesbescheinigung: Arzt oder Spital

☐ Amtliche Todesurkunde: Zivilstandsamt am letzten Wohnsitz des Erblassers[387]

☐ Bankbelege und Hinweise auf andere Vermögenswerte: Unterlagen des Erblassers

---

384 Kantonale Übersicht im Anhang (Erbschaftsverfahren).

385 Kantonale Übersicht im Anhang (Erbschaftsverfahren).

386 Kantonale Übersicht im Anhang (Erbschaftsverfahren).

387 <https://www.ch.ch/de/zivilstandsdokumente-bestellen/>.

☐ Familienbüchlein / Familienurkunde: Zivilstandsamt am letzten Wohnsitz des Erblassers[388]

☐ Letzte Steuererklärung: zuständiges Steueramt[389]

☐ Mietverträge: Unterlagen des Erblassers oder der Vermieter

☐ Versicherungspolicen: Unterlagen des Erblassers oder der Versicherer

c. Digitaler Nachlass

☐ Zugangsdaten (Benutzernamen und Passwörter) beschaffen und Zugang prüfen

☐ Hardware sicherstellen (Harddisks, Laptops, PCs, Smartphones, Tablets, USB-Sticks etc.)

d. Übrige administrative Tätigkeiten

☐ Arbeitgeber sofort informieren; insbesondere bei einem Nichtbetriebsunfall (der Arbeitgeber ist verantwortlich für die Anmeldung bei der SUVA / Unfallversicherung)

☐ Versorgung von Haustieren sicherstellen und langfristig organisieren

4. Erbteilungsrelevante Handlungen

☐ Keine Teilungshandlungen vornehmen

---

388 <https://www.ch.ch/de/zivilstandsdokumente-bestellen/>.
389 Kantonale Übersicht im Anhang (Steuerverfahren).

C. Phase 3: Inventarisation des Nachlassvermögens

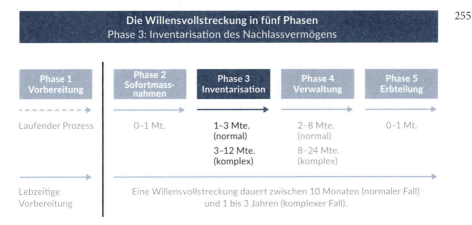

255

Abb. 7: Phase 3 – Die Inventarisation des Nachlassvermögens.
Quelle: Dr. iur. Marc'Antonio Iten

Um ihr Mandat führen zu können, brauchen Willensvollstrecker einen umfas-   256
senden Überblick über die güter- und erbrechtliche Situation sowie die vermögensrechtlichen Verhältnisse der Erblasser. Die Inventarisation bildet die
Phase 3 im Fünf-Phasen-Modell der Willensvollstreckung.[390]

Die Inventarisation des Nachlassvermögens **beginnt** mit dem Eingang des Wil-   257
lensvollstreckerzeugnisses und **endet** mit dem Abschluss des Steuerinventars.

Das Erbrecht kennt eine Vielzahl unterschiedlicher **Inventare,** was in der Pra-   258
xis zuweilen für begriffliche Schwierigkeiten sorgt.

Praxisbeispiele:[391]   259

- Verlangt ein Erbe die amtliche Liquidation der Erbschaft, so beginnt sie mit einer Inventar-
  aufnahme (Art. 595 Abs. 2 ZGB).
- Die KESB entscheidet, ob das Kindesvermögen inventarisiert werden soll (Art. 318 Abs. 2
  ZGB).
- Finden sich landwirtschaftliche Liegenschaften im Nachlass, ist auf Verlangen eines Erben
  ein landwirtschaftliches Inventar aufzunehmen (Art. 613a ZGB).

---

390   N 199.
391   Beispiele zitiert aus ITEN, Verantwortlichkeit, N 623 m.w.H.

- Willensvollstrecker erstellen ein eigenes Nachlassinventar.[392]
- Im Fall einer Nutzniessung ist u.U. ein Nutzniessungsinventar aufzunehmen (Art. 763 ZGB).
- Jeder Erbe kann die Aufnahme eines öffentlichen Inventars verlangen (Art. 580 ff. ZGB).
- Sicherungsinventare werden auf besondere behördliche Anordnung aufgenommen (Art. 553 ZGB).
- Das Steuerinventar ist die Grundlage für die Veranlagung der Erbschaftssteuer und dient als Kontrollinstrument für die Einkommens- und Vermögenssteuern.[393]
- Ein Vor- und Nacherbschaftsinventar wird auf besondere behördliche Anordnung aufgenommen (Art. 490 Abs. 1 ZGB).

260 Nachfolgend interessieren uns primär das Steuerinventar sowie das Inventar des Willensvollstreckers über das Nachlassvermögen per Todestag.

1. Involvierte Personengruppen

261 Für die Inventarisation stehen Willensvollstrecker in Kontakt mit den überlebenden **Ehegatten,** den **Erben** und allenfalls mit den **Nachlassgläubigern.** Zusammen mit diesen Personen nehmen Willensvollstrecker eine erste **Auslegeordnung** vor: Wer macht was? Wie liegen die Interessen? Gibt es potenzielle Konflikte oder Spannungen? Welche Besonderheiten sind zu beachten?

262 Empathie hilft, das Vertrauen der Erben zu gewinnen, um später zwischen den Ehegatten und Erben erfolgreich vermitteln zu können.

263 Je schwieriger die Situation ist, desto wichtiger sind taktisches **Geschick,** strikte **Neutralität** sowie absolute Kontrolle der **Eigeninteressen** der Willensvollstrecker.[394]

a. Ehegatten

264 Willensvollstrecker nehmen die **Personalien** vollständig auf und regeln mit dem überlebenden Ehegatten und mit den übrigen Erben die **Zuständigkeiten,** insbesondere für den Zahlungsverkehr.

---

392 N 333 ff.
393 N 310 ff.
394 N 12 ff.

Bei verheirateten Erblassern sind die Nachlassschulden (Erblasserschulden, 265
Todesfallkosten und übrige Erbgangschulden) abzugrenzen von den persönlichen **Schulden** der überlebenden Ehegatten.[395]

Willensvollstrecker vertreten die Erben gegenüber dem überlebenden Ehegat- 266
ten in der Vorbereitung der **güterrechtlichen Auseinandersetzung.** Zu diesem Zweck bringen sie in Erfahrung, was den Eigengütern zuzurechnen ist,
und ordnen die güter- und erbrechtlichen Massen provisorisch zu.[396]

b. Erben

Willensvollstrecker sollen sich zeitnah ein möglichst umfassendes Bild über 267
den Nachlass machen und mit den Erben eine erste **Auslegeordnung** vornehmen: Wer macht wann was? Als Erstes sollte der Zahlungsverkehr geregelt werden.

Am besten vereinbaren Willensvollstrecker mit den Erben eine saubere **Abgren-** 268
zung der **Zuständigkeiten,** denn nichts ist «verheerender, als wenn Willensvollstrecker und Erben nebeneinander agieren».[397]

Willensvollstrecker sollten ihren **Auftrag** sorgfältig **analysieren.**[398] Welche 269
Folgen ergeben sich aus der anwendbaren güter- und erbrechtlichen Regelung?
Lässt sie sich mit der Vermögenssituation des Erblassers vereinbaren? Welche
gesetzlichen und eingesetzten Erben gibt es? Welche Ziele sind bekannt, und
welche Interessen kollidieren? In welcher Beziehung steht der überlebende
Ehegatte zu den übrigen Erben?

---

395 N 396 f.
396 N 279.
397 BGer 5A_672/2013 vom 24.2.2014, E. 4.4.2.
398 N 33 ff.

270 **Eigenhändige letztwillige Verfügung vom 15. Oktober 2015**

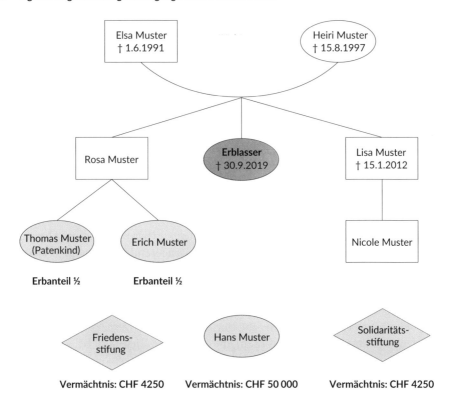

Abb. 8: Güter- und erbrechtliche Situationsanalyse.
Quelle: Dr. iur. Marc'Antonio Iten

271 Es kommt vor, dass die Erben zunächst keinen Willensvollstrecker wollen, weil sie den Nutzen nicht erkennen, weil sie die Kosten scheuen oder weil die Verhältnisse einfach scheinen. Dann müssen Willensvollstrecker die Erben **überzeugen,** indem sie ihnen aufzeigen, weshalb der Erblasser eine Willensvollstreckung verfügt hat, wie weit dieser Auftrag reicht und welchen Mehrwert er den Beteiligten bringt.

272 Willensvollstrecker sind häufig – je nach Blickwinkel – Prellböcke oder Felsen in der Brandung, die Emotionen und irrationales Verhalten der Erben abfedern. Oft werden verborgene **Familienkonflikte** reaktiviert, die über den Tod der Erblasser hinausreichen. Deshalb brauchen Willensvollstrecker eine zielführende Strategie, um sich auch gegen aufgebrachte Erben behaupten zu kön-

nen. Besonders umsichtig sollten sie dem Risiko entgegentreten, dass einzelne Erben versuchen, sie für sich zu instrumentalisieren.[399]

Ein Willensvollstrecker hat viel gewonnen, wenn die Erben am Schluss einen **Erbteilungsvertrag**[400] unterzeichnen und der **Familienfriede** gewahrt bleibt: Willensvollstrecker werden nicht dafür bezahlt, bei allen Erben beliebt zu sein, sondern dafür, dass sie ihr Mandat effizient und korrekt ausführen. Einen Erbteilungsvertrag mit allen Miterben zu unterzeichnen, ist vorteilhafter, als einen Konflikt vor Gericht auszutragen. Erbteilungsprozesse sind kostspielig, langwierig und können für alle Beteiligten zermürbend sein. | 273

Willensvollstrecker müssen Bescheid wissen über ganz- oder teilweise **unentgeltliche lebzeitige Zuwendungen** (Darlehen, Erbvorbezüge und Schenkungen) der Erblasser und prüfen, ob sie für den Nachlass relevant sind (Ausgleichung und Herabsetzung).[401] | 274

c. Nachlassgläubiger

Willensvollstrecker verschaffen sich einen Überblick über sämtliche **Nachlassschulden** (Erblasserschulden[402], Todesfallkosten sowie übrige Erbgangschulden[403]) und inventarisieren diese. | 275

Willensvollstrecker sollten Nachlassgläubiger zeitnah über den Todesfall **informieren** und mit ihnen einen Mahnstopp vereinbaren. | 276

2. Nachlassvermögen

Willensvollstrecker brauchen so bald wie möglich einen verlässlichen Überblick über die **Vermögenssituation** der verstorbenen Person. | 277

Willensvollstrecker nehmen ein **vollständiges Inventar** über sämtliche Vermögenswerte der Erbschaft mit Aktiven und Passiven (Bilanz) per Todestag auf.[404] Zu diesem Zweck verfügen sie über ein umfassendes Auskunftsrecht.[405] Als Legitimationsgrundlage dient das Willensvollstreckerzeugnis.[406] | 278

---

399 N 59.
400 N 531 ff.
401 ITEN, Verantwortlichkeit, N 564 m.w.H.
402 N 389 f.
403 N 391 f.
404 N 333 ff.
405 N 84 ff.
406 N 23.

279 Wenn die verstorbene Person verheiratet war, werden alle Vermögenswerte den **güter-** und **erbrechtlichen Massen** zugeordnet, sobald sie im Inventar erfasst sind.

280 Hatten Erblasser bzw. ihr Nachlass einen Bezug zum **Ausland** (bspw. Liegenschaften, US-Wertschriften etc.), stellen sich heikle Abgrenzungsfragen mit Bezug auf das anwendbare Recht, Erbschafts- und andere Steuern, Nachlassspaltungen, Zuständigkeiten etc.[407] Hier ist die Gefahr eines Übernahmeverschuldens gross.[408] Allenfalls lohnt es sich, schon früh eine Fachperson beizuziehen (Haftungsprävention).[409]

a. Bargeld, Gold und andere Edelmetalle

281 **Bargeld,** das nicht für die Begleichung der Todesfallkosten benötigt wird, ist nach Möglichkeit auf ein Nachlassabwicklungskonto zu überweisen.[410]

282 **Gold** und andere **Edelmetalle** sind in Anwesenheit einer Drittperson zu inventarisieren und müssen bis zur Erbteilung sicher aufbewahrt werden.[411]

b. Bankguthaben

283 Damit Willensvollstrecker ihr **Auskunftsrecht** gegenüber Banken ausüben können, müssen sie sich mit einem Willensvollstreckerzeugnis legitimieren.[412]

284 Banken verlangen i.d.R. eine Anpassung ihrer bankinternen **Unterschriftenregelung,** bevor sie das Verfügungsrecht zugunsten eines Willensvollstreckers anerkennen. Die Praxis der Banken bei einem Todesfall ist leider nicht einheitlich.

285 Sobald Willensvollstrecker das Legitimationsverfahren abgeschlossen haben, heben Banken ihre interne **Kontosperrung** auf.[413] Gleichzeitig wird den Erben die gemeinsame Verwaltungs- und Verfügungsbefugnis entzogen und zur

---

407 HaftpflichtKomm-Iten, Art. 518 ZGB N 109 f. m.w.H.
408 N 178 f.
409 N 186 f.
410 N 415.
411 N 555.
412 N 23.
413 N 236.

exklusiven Verwaltung auf den Willensvollstrecker übertragen.[414] Davon ausgenommen sind Comptes-joints mit Erbenausschlussklausel.[415]

Für Inventar- und Steuerzwecke sind sämtliche **Saldo-** und **Zinsbescheinigun-** 286 **gen** (Bankkonti, Hypotheken) bzw. **Steuerreports** (Wertschriften) per Todestag der Erblasser einzuholen.

Die Korrespondenzadressen, Vollmachten, Daueraufträge und LSV sind evtl. 287 zu kündigen oder neu zu regeln.

Schrankfächer auf den Namen der Erblasser werden vom Willensvollstrecker 288 geöffnet und der Inhalt wird inventarisiert, idealerweise in Anwesenheit einer Drittperson (Bankpersonal, Ehegatte, Erbe, Inventarbeamte etc.).

Börsenkotierte **Wertschriften** (Aktien, Anlagefonds, ETF, Obligationen etc.) 289 werden zu ihrem Börsenwert am Todestag (inkl. Marchzins) inventarisiert. Bei nicht börsenkotierten Aktien wird in der Praxis auf den Steuerwert abgestellt.[416]

c. Versicherungen

Zunächst gilt es, den **Todesfall** allen Versicherern zu **melden,** die Korrespon- 290 denz zu regeln, bestehende **Leistungsansprüche** zu klären und falls nötig **Steuerbescheinigungen** per Todestag einzuholen.[417]

Hinterlassenenansprüche nach **UVG** zählen nicht zum Nachlassvermögen. Sie 291 sind weder für die Inventarisation noch für die Erbteilung relevant.[418]

Die **Rentenberechtigung** (AHV, BVG) der verstorbenen Person endet mit 292 ihrem Tod. Zu viel ausbezahlte Renten müssen der Ausgleichskasse bzw. der Pensionskasse zurückerstattet werden. Leistungen der **AHV** an Waisen, Witwen und Witwer zählen nicht zum Nachlass. Sie sind weder für die güterrechtliche Auseinandersetzung noch für die Erbteilung relevant.[419]

Die Leistungen der beruflichen Vorsorge (**Säule 2a** und **2b** sowie **Freizügig-** 293 **keitsleistungen**) fallen nach der bundesgerichtlichen Rechtsprechung nicht in

---

414 N 92 f.
415 N 426 ff.
416 PraxKomm Erbrecht-Nertz, Art. 474 ZGB N 12 f.
417 N 356 Checkliste Phase 3.
418 Derselbe, Art. 476 ZGB N 38.
419 PraxKomm Erbrecht-Künzle, Einleitung N 103; PraxKomm Erbrecht-Nertz, Art. 476 ZGB N 37.

den Nachlass.[420] Sie sind weder für die güterrechtliche Auseinandersetzung noch für die Erbteilung relevant.[421] Bei der Zentralstelle 2. Säule (Sicherheitsfonds BVG) kann man abklären lassen, ob Ansprüche aus weiteren Freizügigkeitskonten oder -policen bestehen.[422]

294 Die erbrechtliche Behandlung von Ansprüchen aus der **Säule 3a** ist in der Lehre umstritten und vom Bundesgericht nicht restlos geklärt. Nach der h.L. fallen Leistungen aus der Säule 3a (**Bankstiftung**) vollständig bzw. zu ihrem Rückkaufswert (**Versicherungsvertrag**) in den Nachlass.[423] Sie werden sowohl in der güterrechtlichen Auseinandersetzung als auch in der Erbteilung berücksichtigt.

295 Die Versicherungssumme aus privaten **Lebensversicherungen** wird direkt an die begünstigten Personen ausbezahlt und fällt nicht in den Nachlass.[424] Wenn eine Lebensversicherung jedoch am Todestag einen **Rückkaufswert** hatte, zählt dieser Wert zum Nachlassvermögen.[425]

d. Hausrat und Wertgegenstände (Mobiliar)

296 Der gewöhnliche **Hausrat** (Bilder, Geschirr, Möbel, Schmuck, technische Geräte, Wäsche etc.) lässt sich kaum zu einem vernünftigen Preis veräussern, weshalb er in der Praxis regelmässig ohne Wertangabe inventarisiert wird.

297 Für besonders **wertvolle Gegenstände** sind unabhängige Fachleute beizuziehen, die diese Wertsachen inventarisieren und ihren Marktwert schätzen.

e. Andere Guthaben (Rückerstattungen)

298 Willensvollstrecker bringen laufende **Abonnemente** und **Verträge** der Erblasser in Erfahrung und prüfen, ob diese vorzeitig aufgelöst werden können. Guthaben daraus werden inventarisiert.

---

420 BGE 129 III 305, E. 2.1 (Säule 2a); E. 2.2 (Säule 2b); E. 3 (Freizügigkeitsleistungen).
421 PraxKomm Erbrecht-KÜNZLE, Einleitung N 106 sowie 113.
422 <www.zentralstelle.ch>.
423 PraxKomm Erbrecht-KÜNZLE, Einleitung N 121: Lebensversicherung sowie N 123: Banksparen; PraxKomm Erbrecht-NERTZ, Art. 476 ZGB N 44.
424 PraxKomm Erbrecht-NERTZ, Art. 476 ZGB N 1.
425 PraxKomm Erbrecht-KÜNZLE, Einleitung N 130; PraxKomm Erbrecht-NERTZ, Art. 476 ZGB N 3.

War der Erblasser als Erbe an einer unverteilten Erbschaft beteiligt, wird sein   299
Erbanteil zu seinem Liquidationswert in das Inventar aufgenommen.[426]

f.   Immobilien

Willensvollstrecker verschaffen sich einen Überblick über Grundstücke oder   300
Anteile daran im Nachlass. Dazu beschaffen sie aktuelle **Grundbuchauszüge**.
Schuldbriefe werden sichergestellt, sofern sie nicht verpfändet sind.

Gemäss Art. 962a Ziff. 2 ZGB können Willensvollstrecker ihr Verwaltungs-   301
und **Verfügungsrecht** im **Grundbuch anmerken** lassen. Aufgrund der Publi-
zitätswirkung des Grundbuchs wird damit die beschränkte Verfügungsbefugnis der Erben gegenüber Dritten wirksam.[427] Damit lässt sich verhindern, dass
Erben Liegenschaften am Willensvollstrecker vorbei veräussern. Das kann vor
allem bei einer **Alleinerbschaft** von Bedeutung sein.[428]

Liegenschaften werden zunächst zum **Steuerwert** inventarisiert. Aus prakti-   302
schen Gründen wird er erst kurz vor der Erbteilung durch den **Verkehrswert**
bzw. den vereinbarten **Anrechnungswert** ersetzt.[429]

Für die Steuererklärung per Todestag und die anschliessende Verwaltung brau-   303
chen Willensvollstrecker eine Abrechnung über die **Betriebskosten** der Liegenschaft.

g.   Beteiligungen an Unternehmen

Unternehmen im Erbgang zu bewerten, ist anspruchsvoll. Es gilt, einen Mittel-   304
weg zu finden, der einerseits die **Kontinuität** der Unternehmensführung nicht
gefährdet und anderseits die ausscheidenden **Erben** angemessen **entschädigt**.

Im Vordergrund steht die Bewertung nach **Fortführungs**- oder nach **Liquida-**   305
tionswerten.[430]

---

426   PraxKomm Erbrecht-Nertz, Art. 474 ZGB N 23.
427   BSK ZGB II-Karrer/Vogt/Leu, Art. 518 ZGB N 26.
428   Künzle, Praxisfälle, S. 437.
429   N 403 ff.
430   PraxKomm Erbrecht-Nertz, Art. 474 ZGB N 46.

3. Administration

a. Erbschaftsverfahren

306 Sobald die Testamentseröffnungsverfügung rechtskräftig ist, kann bei der kantonal zuständigen Behörde eine ausreichende Zahl von Exemplaren der **Erbbescheinigung** beantragt werden.[431]

307 Bei unmündigen Erben sollen Willensvollstrecker die zuständige KESB anfragen, ob ein **Teilungsbeistand** nach Art. 416 Abs. 1 Ziff. 3 ZGB zu bestellen sei. Die Zustimmung des Teilungsbeistands und allenfalls der KESB sind Voraussetzung für die Gültigkeit des Erbteilungsvertrags.

308

Abb. 9: KESB-Gespenst.
Quelle: Dr. Strebel, Dudli + Fröhlich Steuerberatung und Treuhand AG, Zürich

309 Gibt es Anhaltspunkte dafür, dass die **Erbschaft überschuldet** sein könnte, sollen Willensvollstrecker die Erben umgehend darüber orientieren, damit diese rechtzeitig handeln können (Ausschlagung, Annahme unter öffentlichem Inventar).[432]

---

431 Kantonale Übersicht im Anhang (Erbschaftsverfahren).
432 N 64.

b. Steuerinventar

Das Steuerinventar ist die Grundlage für die Veranlagung der **Erbschaftssteuer** und dient der Steuerbehörde dazu, die **Vollständigkeit** früherer Steuererklärungen der Erblasser zu prüfen.[433]

310

Die Steuergesetze verpflichten Willensvollstrecker, bei der steuerrechtlichen Inventarisation des Nachlassvermögens bzw. des ehelichen Gesamtvermögens per Todestag nach bestem Wissen und Gewissen **mitzuwirken** (Art. 157 Abs. 1 DBG).[434]

311

Willensvollstrecker sind der Steuerbehörde voll auskunftspflichtig (Art. 157 DBG). Diese **Auskunftspflicht** geht dem Berufsgeheimnis von Banken, Rechtsanwälten etc. vor.[435]

312

Wenn ein Erblasser offensichtlich kein Vermögen hatte, kann **ausnahmsweise** auf die Aufnahme eines amtlichen Inventars **verzichtet** werden (Art. 154 Abs. 2 DBG).

313

Welche **Behörden** am letzten Wohnsitz der Erblasser für das Steuerinventar zuständig sind und welches **Verfahren** anwendbar ist, ist kantonal geregelt.[436]

314

Einige kantonale Steuerbehörden (bspw. ZH) **verweigern** Erben und Willensvollstreckern während der Inventaraufnahme die **Einsicht** in Steuerunterlagen der Erblasser unter Hinweis auf einen älteren Entscheid des Bundesgerichts.[437] Das kann stossend sein, wenn Willensvollstrecker die Vermögenssituation der Erblasser nur unzureichend kennen, aber trotzdem ein vollständiges Inventar bzw. eine korrekte Steuererklärung per Todestag einreichen müssen. Frühere Steuererklärungen wären eine geeignete Grundlage, um sich ein erstes Bild zu verschaffen. Denn nur wer die Vermögenssituation des Erblassers kennt, kann ein vollständiges Steuerinventar erstellen.

315

Bis zum Abschluss der steuerrechtlichen Inventarisation dürfen Willensvollstrecker nur mit Zustimmung der zuständigen Behörde über das Nachlassvermögen verfügen (**Verfügungsverbot** gemäss Art. 156 Abs. 1 DBG). Eine

316

---

433 KÜNZLE/LYK, Steuerverfahren 1, S. 129.
434 DIESELBEN, a.a.O.
435 ITEN, Verantwortlichkeit, N 608 m.w.H.
436 Kantonale Übersicht im Anhang (Steuerverfahren).
437 BGer 2A.276/1998 vom 10.2.1999.

Zuwiderhandlung kann zu einer zivilrechtlichen[438] und strafrechtlichen[439] Verantwortlichkeit führen.[440]

317 Zweifeln Willensvollstrecker an der **Vollständigkeit** des Steuerinventars, müssen sie die Situation von sich aus abklären (bspw. Anfrage an Banken im Umfeld der verstorbenen Person, Überprüfen von Arbeitsverträgen, Kader-Reglementen etc.), sofern es konkrete Hinweise auf weitere Vermögenswerte gibt.[441]

318 Das Verfahren endet mit der **Zustellung** der erforderlichen Dokumente an die zuständige[442] Inventarbehörde.[443]

c. Übrige Steuerverfahren

319 Mit dem Tod endet die Steuerpflicht der Erblasser für die Staats-, Gemeinde- und direkten Bundessteuern (Art. 8 Abs. 2 DBG sowie kantonale Bestimmungen).[444] Die Steuern werden pro rata temporis aufgrund der **unterjährigen Steuererklärung** per Todestag erhoben, die der Willensvollstrecker einreichen muss.[445]

320 Willensvollstrecker sind für **sämtliche Steuerverfahren** zuständig, die den **Erblasser** und seinen **Nachlass** betreffen. Dazu zählen neben den Einkommens- und Vermögenssteuern z.B. Erbschaftssteuern in einem früheren Nachlass, Grundstückgewinn- und Handänderungssteuern, Umsatzabgaben sowie Verrechnungssteuern etc.[446]

321 Für persönliche **Steuerangelegenheiten** der **Erben** sind Willensvollstrecker nur mit einem zusätzlichen Auftrag zuständig.[447]

322 **Willensvollstrecker** haften mit ihrem persönlichen Vermögen **solidarisch** mit den Erben für die **Einkommens-** und **Vermögenssteuern** der Erblasser im Umfang des Reinvermögens per Todestag (Nettonachlass),[448] und zwar sowohl

---

438 N 161 ff.
439 N 189 ff.
440 MALLA, S. 108.
441 ITEN, Verantwortlichkeit, N 622 m.w.H.
442 Kantonale Übersicht im Anhang (Steuerverfahren).
443 MALLA, S. 174 f. m.w.H.
444 PraxKomm Erbrecht-NIEDERER/KLAESI, Anhang Steuern N 218.
445 PraxKomm Erbrecht-CHRIST/EICHNER, Art. 518 ZGB N 57; PraxKomm Erbrecht-NIEDERER/KLAESI, Anhang Steuern N 270.
446 BSK ZGB II-KARRER/VOGT/LEU, Art. 518 ZGB N 33.
447 DIESELBEN, a.a.O.
448 N 338.

für die direkten Bundessteuern (Art. 13 Abs. 4 DBG) als auch für die Staats- und Gemeindesteuern (kant. Steuergesetzgebung).[449]

Gemäss Art. 13 Abs. 4 DBG **entfällt** die **Haftung,** wenn Willensvollstrecker nachweisen können, dass sie die gebotene Sorgfalt angewendet haben.[450] Deshalb dürfen sie weder Vermächtnisse ausrichten noch Akontozahlungen an die Erben leisten, bis sämtliche noch nicht rechtskräftig veranlagten Einkommens- und Vermögenssteuern hinreichend sichergestellt sind.[451] 323

324

Abb. 10: Wegweiser für Steuern.
Quelle: Dr. Strebel, Dudli + Fröhlich Steuerberatung und Treuhand AG, Zürich

Willensvollstrecker, die **Beihilfe** zu **Steuerhinterziehung** leisten, erfüllen ihren Auftrag nicht[452] und machen sich strafbar.[453] Für Nach- und Strafsteuern haften sie mit ihrem persönlichen Vermögen solidarisch mit den Erben (Art. 13 Abs. 4 DBG). Sanktioniert wird das Beiseiteschaffen oder Verheimlichen von Vermögenswerten im Inventarverfahren (Art. 178 DBG). 325

Entdecken Willensvollstrecker Vermögenswerte, die Erblasser lebzeitig nicht versteuert haben, müssen sie die Erben auf die wirtschaftlichen und rechtlichen Folgen einer **Nachdeklaration** aufmerksam machen und das weitere Ver- 326

---

449 Kantonale Übersicht im Anhang (Steuerverfahren).
450 N 50 ff.
451 BSK ZGB II-Karrer/Vogt/Leu, Art. 518 ZGB N 33c.
452 N 33 ff.
453 Iten, Verantwortlichkeit, N 609.

fahren mit ihnen und weiteren involvierten Personen (bspw. Ehegatten) **koordinieren.**[454]

327 Nach Art. 157 Abs. 3 DBG müssen Willensvollstrecker nicht inventarisierte Vermögenswerte, die später zum Vorschein kommen, innerhalb von **zehn Tagen** unaufgefordert melden.

328 Die Nachdeklaration unversteuerter Vermögenswerte betrifft die Einkommens- und Vermögenssteuern der Erblasser.[455] Ein vereinfachtes Verfahren zur Nachbesteuerung im Erbfall **(Miniamnestie)** bietet die optimale Gelegenheit, in steuerlicher Hinsicht saubere Verhältnisse zu schaffen (Art. 153a DBG; Art. 53a, 72i und 78d StHG).[456]

329 Willensvollstrecker müssen nicht deklarierte Vermögenswerte selbst gegen den Willen der Erben von sich aus mit einer **Selbstanzeige** deklarieren (Art. 157 Abs. 3 DBG). Bei der Erfüllung dieser Pflicht sind sie unabhängig von den Erben; ja sie müssen sie selbst **gegen** den ausdrücklichen Willen der **Erben** durchsetzen.[457] Von dieser Pflicht können sich Willensvollstrecker nicht entbinden, indem sie ihr Mandat vorzeitig niederlegen.[458]

330 Eine Selbstanzeige befreit Willensvollstrecker von der solidarischen Haftung für die **Strafsteuern** (Art. 179 Abs. 1 DBG). Sie riskieren keine Haftung gegenüber den Erben, wenn sie ihrer Deklarationspflicht nachkommen.[459]

331 Sind Vermögenswerte beider Ehegatten betroffen, so ist darauf zu achten, dass die Selbstanzeige vom überlebenden **Ehegatten** mitunterzeichnet wird, damit die Straffreiheit auch für den Ehegatten gilt.

332 Für **Pflichtverletzungen** im Bereich des Steuerrechts sind Willensvollstrecker den Erben zivilrechtlich[460] und der Steuerbehörde u.U. strafrechtlich[461] **verantwortlich.**[462] Bestimmte Aufgaben im Bereich des Steuerrechts erfordern

---

454 Derselbe, a.a.O. N 610 m.w.H.
455 Künzle/Lyk, Steuerverfahren 2, S. 182.
456 Dieselben, a.a.O. S. 183.
457 Iten, Verantwortlichkeit, N 278 m.w.H.
458 Derselbe, a.a.O. N 611 m.w.H.
459 BSK ZGB II-Karrer/Vogt/Leu, Art. 518 ZGB N 33b.
460 N 161 ff.
461 N 189 ff.
462 Iten, Verantwortlichkeit, N 606 m.w.H.

qualifizierte Fachkenntnisse, weshalb das Risiko eines Übernahmeverschuldens hoch ist.[463] Allenfalls lohnt es sich, früh eine Fachperson beizuziehen (Haftungsprävention).[464]

d. Nachlassbuchhaltung

Wie jeder Verwalter fremden Vermögens müssen Willensvollstrecker zu Beginn ihrer Tätigkeit ein vollständiges **Nachlassinventar** mit Aktiven und Passiven per **Todestag** (Bilanz) aufnehmen (Art. 474 ZGB).[465]   333

Das Inventar per Todestag der Erblasser ist die Grundlage für den Entscheid der Erben, ob sie die **Erbschaft annehmen** oder **ausschlagen** sollen.[466] Es dient auch als Basis für die Liquidations- und Teilungsrechnung[467] im Rahmen des Erbteilungsvertrags und damit als Grundlage für die **Erbteilung.**[468]   334

Anders als im Steuerinventar werden die einzelnen Vermögenswerte im Inventar per Todestag zu **Marktpreisen** aufgeführt (Verkehrswert statt Steuerwert).   335

Zum Nachlassvermögen zählen lebzeitige Zuwendungen der Erblasser, die der **Herabsetzung** unterliegen (Art. 475 i.V.m. Art. 527 f. ZGB), **ausgleichungspflichtige** lebzeitige **Zuwendungen** (Art. 626 ff. ZGB)[469] sowie die **Rückkaufswerte** von Lebensversicherungen (Art. 476 ZGB).   336

Zum Nachlassvermögen gehören ferner die **Erblasserschulden,**[470] die **Todesfallkosten** sowie die übrigen **Erbgangschulden.**[471] Diese Beträge sind im Rahmen der Inventarisation nach Möglichkeit zu beziffern oder zumindest pro memoria als Rückstellung aufzuführen.[472]   337

---

463   N 178 f.
464   N 186 f.
465   Jost, N 30.
466   N 309.
467   N 499 ff.
468   Vgl. BGer 5A_672/2013 vom 24.2.2014, E. 4.4.1.
469   Eitel, S. 456 f.
470   N 389 f.
471   N 391 f.
472   PraxKomm Erbrecht-Nertz, Art. 474 ZGB N 15.

338

Nachlassaktiven per Todestag (Art. 474 Abs. 1 ZGB) – Erblasserschulden (Art. 474 Abs. 2 ZGB) – Todesfallkosten (Art. 474 Abs. 2 ZGB) – Erbgangschulden (Art. 474 Abs. 2 ZGB)	**Reines** **Nachlassvermögen** **(= Nettonachlass)**
+ Ausgleichungspflichtige Zuwendungen (Art. 626 ff. ZGB)	**Erbteilungsmasse**
+ Herabsetzbare Zuwendungen (Art. 475 ZGB) + Rückkaufswerte von Lebensversicherungen (Art. 476 ZGB)	**Pflichtteil-** **berechnungsmasse**

Abb. 11 – Zusammensetzung des Nachlassvermögens nach Art. 474 ff. ZGB.
Quelle: Dr. iur. Marc'Antonio Iten

339 Das Inventar per Todestag soll strukturiert, vollständig und aussagekräftig sein. Die darauf aufbauende **Nachlassbuchhaltung** ist zweckmässig zu führen, mit dem Ziel, den Bestand per Todestag und die Wertveränderung des Nachlassvermögens auf einen bezeichneten Stichtag hin verlässlich auszuweisen (Liquidationsrechnung).[473]

---

473   N 499 ff.

Aktiven			340
Liegenschaften	CHF	0.00	
Wertschriften (inkl. Marchzins)	CHF	234 150.00	
Guthaben	CHF	280 000.00	
Bargeld	CHF	500.00	
Versicherungsansprüche	CHF	0.00	
Hausrat und Wertgegenstände (Mobiliar)	CHF	0.00	
Total Aktiven	**CHF**	**514 650.00**	

Passiven		
Hypotheken	CHF	0.00
Erblasserschulden	CHF	9 650.00
Todesfallkosten	CHF	5 000.00
Übrige Erbgangschulden	CHF	p.M.
Total Passiven	**CHF**	**14 650.00**

Total Aktiven	CHF	514 650.00
Total Passiven	CHF	14 650.00
Nettonachlassvermögen per Todestag, 30.9.2018	**CHF**	**500 000.00**

Abb. 12: Inventar per Todestag als Bilanz. Quelle: Dr. iur. Marc'Antonio Iten

Die in der Bilanz zusammengefassten **Erbschaftsaktiven** werden in einer 341
Detailaufstellung einzeln aufgelistet.

Aktiven per Todestag, 30. September 2018					342
Liegenschaften					
Keine Liegenschaften			CHF	0.00	
Wertschriften (inkl. Marchzins)					
Wertschriftendepot, Bank:					
30 000 NZD Cooperative Rabobank u.A. 4¾% (Valor 24699502)	CHF	34 150.00			
30 000 NZD International Finance Corp. 3⅞% (Valor 20754976)	CHF	25 000.00			
265 Anteile Vontobel Swiss Dividend Klasse -A- (Valor 279570)	CHF	120 000.00			
6 Anteile Raiffeisen ETF – Solid Gold Klasse -H- (Valor 13403490)	CHF	20 000.00			
70 Anteilscheine Wohngenossenschaft	CHF	35 000.00	CHF	234 150.00	
Guthaben					
Privatkonto (= Nachlassabwicklungskonto)	CHF	75 000.00			
Sparkonto	CHF	200 000.00			
Pflegeheimdepot	CHF	5 000.00	CHF	280 000.00	
Bargeld					
Portemonnaie			CHF	500.00	
Versicherungsansprüche					
Keine Versicherungsansprüche			CHF	0.00	
Hausrat und Wertgegenstände (Mobiliar)					
Fahrhabe ohne fiskalische Bedeutung			CHF	0.00	
Total Aktiven			**CHF**	**514 650.00**	

Abb. 13: Aktiven per Todestag im Detail. Quelle: Dr. iur. Marc'Antonio Iten

343 Die in der Bilanz zusammengefassten **Nachlasspassiven** werden in einer Detailaufstellung einzeln aufgelistet.

344 **Passiven per Todestag, 30. September 2018**

Hypotheken				
Keine pfandgesicherten Forderungen	CHF			0.00
Erblasserschulden				
15.10.2018 Heizkostenabrechnung 2017/2018	CHF	400.00		
20.10.2018 Wohn- und Pflegekosten Aug. 2018	CHF	7 000.00		
10.11.2018 Krankenkasse, Leistungsabrechnung	CHF	150.00		
20.12.2018 Steueramt, Staats- und Gemeindesteuern 2018 (prov.)	CHF	1 800.00		
20.12.2018 Kant. Steueramt, direkte Bundessteuer 2018 (prov.)	CHF	50.00		
20.12.2018 Krankenkasse, Leistungsabrechnung	CHF	50.00	CHF	9 650.00
Todesfallkosten				
20.10.2018 Grabunterhaltsgebühr	CHF	700.00		
10.11.2018 Kosten Abdankungsfeier	CHF	3 500.00		
10.11.2018 Wohnungsräumung und Entsorgung	CHF	800.00	CHF	5 000.00
Übrige Erbgangschulden				
Diverse Nachlasspassiven	CHF			p.M.
Total Passiven			CHF	14 650.00

Abb. 14: Passiven per Todestag im Detail.
Quelle: Dr. iur. Marc'Antonio Iten

345 Der genaue Betrag einzelner Nachlasspassiven steht erst nach einigen Wochen oder gar Monaten fest. Wo nötig werden entsprechende **Rückstellungen** gebildet.

e. Dokumentation

346 Willensvollstrecker benötigen ein **Willensvollstreckerzeugnis,** um nach aussen hin tätig zu werden. Es dient als Legitimationsnachweis gegenüber Ämtern, Banken, Behörden und Versicherungen.[474]

347 Im Übrigen haben Willensvollstrecker alle **Unterlagen** zu beschaffen, die für die Verwaltung der Erbschaft benötigt werden oder die eine Grundlage für die Erbteilung bilden. Eine Übersicht befindet sich in der Checkliste.[475]

---

474 N 23.
475 N 356 Checkliste Phase 3.

f.   Digitaler Nachlass

Nach dem Prinzip der **Universalsukzession** (Art. 560 ZGB) gehen sowohl der   348
digitale Nachlass als auch die Nutzungsverträge und -bedingungen von Gesetzes wegen auf die Erben über.[476]

Zum digitalen Nachlass gehören **sämtliche Daten,** die ein Erblasser in Clouds,   349
E-Mail-Konten, auf Festplatten von PCs, Smartphones und Tablets, in sozialen
Netzwerken, auf Webseiten und Online-Diensten gespeichert hat.[477]

Praxisbeispiele: 350

- Daten, die in Clouds, auf Harddisks, Laptops, PCs, Smartphones, Speicherkarten, Tablets, USB-Sticks etc. gespeichert sind
- Eigene Webseiten (inkl. Webhosting-Verträge)
- E-Mail-Konten (inkl. E-Mails)
- Foto-, Musik- und Videosammlungen
- Guthaben in Kryptowährungen (Bitcoins etc.)
- Verträge mit kostenpflichtigen Online-Diensten und Webshops (bspw. Alibaba, Amazon, Anbieter von Kryptowährungen, Banken, eBay, iTunes, PayPal, Reiseveranstalter, Ricardo, YouTube etc.)
- Social-Media-Profile (Facebook, Instagram, LinkedIn, Twitter, XING etc.)
- Software-Lizenzen
- Streaming-Dienste (Netflix, Spotify etc.)
- Texte und E-Books

Willensvollstrecker verschaffen sich zunächst einen **Überblick** über die elek-   351
tronischen Datenträger, E-Mail-Konten, sozialen Netzwerke sowie kostenpflichtigen Internet-Dienste der Erblasser und prüfen den **Zugang.**

g.   Übrige administrative Tätigkeiten

In dieser Phase fallen zahlreiche weitere administrative Aufgaben an, die in der   352
Regel von den **Angehörigen** der Erblasser direkt erledigt werden können.[478]
Willensvollstrecker sollen bei Bedarf Hilfe leisten.

---

476   Künzle, Digitaler Nachlass, S. 40.
477   Derselbe, a.a.O. S. 39.
478   N 356 Checkliste Phase 3.

4. Erbteilungsrelevante Handlungen

353 Es gilt das steuerrechtliche **Verfügungsverbot**.[479] Darum darf in dieser Phase nicht über das Nachlassvermögen verfügt werden, und es dürfen keine Teilungshandlungen vorgenommen werden, solange unklar ist, ob die Erben die Erbschaft antreten oder **ausschlagen** (Art. 566 ff. ZGB).[480]

354 Willensvollstrecker sollten summarisch abschätzen, ob mit **Herabsetzungs**- (Art. 522 ff. ZGB) und/oder **Ungültigkeitsklagen** (Art. 519 ff. ZGB) zu rechnen ist.

5. Checkliste für Willensvollstrecker

355 Die Inventarisation des Nachlassvermögens bildet die **3. Phase** im Fünf-Phasen-Modell der Willensvollstreckung.[481] Sie **beginnt** mit dem Eingang des Willensvollstreckerzeugnisses und **endet** mit dem Abschluss des Steuerinventars.

356 **Die Willensvollstreckung in fünf Phasen**

Checkliste Phase 3: Die Inventarisation des Nachlassvermögens

Beginn: Eingang des Willensvollstreckerzeugnisses

Ende: Abschluss des Steuerinventars

1. **Involvierte Personengruppen**
a. **Ehegatten**
☐ Personalien, Kontaktdaten, Vertretung und Zahlungsinstruktionen
☐ Regelung der Zuständigkeiten (insb. Zahlungsverkehr)
☐ Güterstand
☐ Eigengüter (Belege)
☐ Prov. Zuordnung der Vermögenswerte zu den güterrechtlichen Massen
☐ Abgrenzung der ehelichen Schulden von Erblasserschulden
☐ Darlehen, Erbvorbezüge und Schenkungen
☐ Spesenbelege und Quittungen für Nachlasspassiven

---

479 N 316.
480 N 334.
481 N 199.

b. Erben

☐ Personalien, Kontaktdaten, Vertretung und Zahlungsinstruktionen

☐ Kontaktaufnahme (soweit bekannt)

☐ Regelung der Zuständigkeiten (insb. Zahlungsverkehr)

☐ Prüfen, ob alle Erben mündig und handlungsfähig sind

☐ Für unmündige Erben: Evtl. Mitwirkung der KESB bei der Erbteilung beantragen

☐ Hinweis bei Verdacht auf Überschuldung der Erbschaft: Ausschlagung oder Annahme unter öffentlichem Inventar.

Achtung Fristen:

– ein Monat für die Annahme unter öffentlichem Inventar (Art. 580 Abs. 2 ZGB)

– drei Monate für die Ausschlagung (Art. 567 Abs. 2 ZGB)

☐ Evtl. letztwillige Verfügungen und Erbverträge privat eröffnen

☐ Darlehen, Erbvorbezüge und Schenkungen

☐ Evtl. erste informelle Erbenversammlung: Auslegeordnung

☐ Spesenbelege und Quittungen für Nachlasspassiven

c. Nachlassgläubiger

☐ Überblick verschaffen

☐ Evtl. über Todesfall informieren, Mahnstopp beantragen und Korrespondenz regeln

☐ Erblasserschulden in Erfahrung bringen und von ehelichen Schulden abgrenzen

2. Nachlassvermögen

☐ Überblick verschaffen

☐ Detaillierte Analyse der Nachlassregelung des Erblassers

☐ Detaillierte Analyse der Vermögenssituation des Erblassers

☐ Evtl. Vor- und Nacherbschaftsvermögen voneinander abgrenzen

☐ Verfügungsverbot beachten (Art. 156 Abs. 1 DBG)

a. Bargeld, Gold und andere Edelmetalle

☐ Bargeld auf ein Nachlassabwicklungskonto einzahlen

☐ Gold und andere Edelmetalle inventarisieren (nicht alleine)

☐ Sicher aufbewahren

b. Bankguthaben

☐ Legitimation: Willensvollstreckerzeugnis

☐ Korrespondenz regeln

☐ Vollmachten regeln

☐ Daueraufträge und LSV: Überblick verschaffen, evtl. stornieren

☐ Konti: Saldo- und Zinsbescheinigungen per Todestag

☐ Depots: Steuerreports per Todestag

☐ Hypotheken: Saldo- und Zinsbescheinigungen per Todestag

☐ Sonderprodukte: Kreditkarten, Schrankfächer, Treuhandanlagen, Vermögensverwaltungsverträge, wirtschaftliche Berechtigungen etc.

☐ Schrankfächer: öffnen (nicht alleine) und Inhalt inventarisieren (Protokoll, kol-
lektiv zu zweien)

☐ Kryptowährungen: Bescheinigung per Todestag

c. Versicherungen

aa. Krankenkasse (KVG, VVG)

☐ Legitimation: amtliche Todesurkunde und Willensvollstreckerzeugnis

☐ Todesfall melden

☐ Korrespondenz regeln

☐ Policen kündigen

☐ Steuerbescheinigung per Todestag einholen (inkl. ungedeckte Krankheits-
kosten)

bb. SUVA / private Unfallversicherungen (UVG)

☐ Legitimation: amtliche Todesurkunde und Willensvollstreckerzeugnis

☐ Todesfall melden

☐ Korrespondenz regeln

☐ Policen kündigen

☐ Evtl. Steuerbescheinigung per Todestag einholen

cc. Gebäude-, Haftpflicht- und Hausratsversicherung (VVG)

☐ Legitimation: Willensvollstreckerzeugnis

☐ Todesfall melden

☐ Korrespondenz regeln

☐ Evtl. Policen kündigen

dd. 1. Säule (AHV)

☐ Legitimation: amtliche Todesurkunde und Willensvollstreckerzeugnis

☐ Todesfall melden

☐ Korrespondenz regeln

☐ Steuerbescheinigung per Todestag einholen

ee. 2. Säule (BVG)

☐ Legitimation: amtliche Todesurkunde und Willensvollstreckerzeugnis

☐ Todesfall melden

☐ Korrespondenz regeln

☐ Reglemente anfordern

☐ Begünstigtenordnung prüfen

☐ Evtl. Steuerbescheinigung per Todestag einholen

ff. Säule 3a (VVG/Banksparen)

☐ Legitimation: amtliche Todesurkunde und Willensvollstreckerzeugnis

☐ Todesfall melden

☐ Korrespondenz regeln

☐ Policen kündigen

☐ Begünstigtenordnung prüfen

☐ Evtl. Steuerbescheinigung per Todestag einholen

gg. Säule 3b (Lebens- und besondere Risikoversicherungen; VVG)

☐ Legitimation: amtliche Todesurkunde und Willensvollstreckerzeugnis

☐ Todesfall melden

☐ Korrespondenz regeln

☐ Policen kündigen

☐ Begünstigtenordnung prüfen

☐ Evtl. Rückkaufswerte im Inventar berücksichtigen: Pflichtteile wahren

d. Hausrat und Wertgegenstände (Mobiliar)

☐ Wertvolle Antiquitäten, Kunstgegenstände und Schmuck inventarisieren (nicht alleine)

☐ Evtl. von einer Fachperson schätzen lassen

☐ Sicher aufbewahren

e. Andere Guthaben (Rückerstattungen)

☐ Überblick verschaffen

☐ Evtl. Anteile an unverteilten Erbschaften mit Aktiven und Passiven

☐ Evtl. Anteile an einfachen Gesellschaften mit Aktiven und Passiven (bspw. Ehegattengesellschaft an Liegenschaften)

☐ Evtl. Guthaben (bspw. Darlehen etc.)

☐ Evtl. Genossenschaftsanteile

f. Immobilien

☐ Überblick verschaffen

☐ Grundbuchauszüge bestellen

☐ Evtl. Willensvollstreckung im Grundbuch eintragen lassen (Art. 962a Ziff. 2 ZGB)

☐ Evtl. Mieterspiegel erstellen

☐ Liegenschaftsabrechnung per Todestag erstellen

☐ Steuer- und Marktwerte ermitteln

☐ Evtl. Schuldbriefe sicherstellen

☐ Betriebskosten erheben

☐ STWE: Korrespondenz mit Verwaltung regeln

☐ STWE: Einlagen Betriebskonto und Erneuerungsfonds per Todestag anfragen

g. Beteiligungen an Unternehmen

☐ Überblick verschaffen

☐ Statuten anfordern

☐ Gesellschaftsrechtliche Verträge prüfen (bspw. Aktionärbindungsverträge etc.)

☐ Steuer- und Marktwerte per Todestag ermitteln

☐ Evtl. Aktien sicherstellen

3. Administration

a. Erbschaftsverfahren

☐ Erbbescheinigung in genügender Zahl beantragen[482]

☐ Evtl. bei gerichtlichen Adressnachforschungen mitwirken

☐ Evtl. Mitwirkung KESB beantragen und das Verfahren koordinieren

---

482 Kantonale Übersicht im Anhang (Erbschaftsverfahren).

b. Steuerinventar

- ☐ Am amtlichen Inventarisationsverfahren mitwirken[483]
- ☐ Evtl. Termin mit zuständiger Behörde vereinbaren[484]
- ☐ Fristen prüfen und evtl. erstrecken lassen
- ☐ Inventarunterlagen/Inventarfragebogen vervollständigen
- ☐ Tresoröffnung protokollieren
- ☐ Todesfallkosten schätzen oder Pauschale geltend machen
- ☐ Steuerinventar prüfen
- ☐ Inventarunterlagen zusammen mit der Steuererklärung per Todestag einreichen[485]

c. Übrige Steuerverfahren
aa. Steuererklärungen

- ☐ Fristen prüfen und evtl. erstrecken lassen
- ☐ Vorjahre prüfen und evtl. nachholen
- ☐ Steuererklärung 1.1. – Todestag (unterjährig)
- ☐ Evtl. Steuererklärung Todestag – 31.12. (unterjährig) für überlebenden Ehegatten (auf separaten Auftrag)
- ☐ Evtl. interkantonale Steuerausscheidung vornehmen (Betriebsstätten und Liegenschaften)
- ☐ Evtl. internationale Steuerpflichten klären (bspw. EU-Erbschaftssteuern, US Estate Tax etc.)

bb. Nachdeklaration unversteuerter Vermögenswerte (Miniamnestie)

- ☐ Nicht deklarierte Vermögenswerte der Erblasser in Erfahrung bringen
- ☐ Vorgehen mit den Erben klären
- ☐ Vorgehen mit dem Ehegatten und weiteren betroffenen Personen koordinieren
- ☐ Verfahren rechtzeitig einleiten

d. Nachlassbuchhaltung

- ☐ Inventar mit Aktiven und Passiven per Todestag erstellen (Marktwerte)
- ☐ Nachlassbuchhaltung einrichten (Liquidationsrechnung)

---

483 Kantonale Übersicht im Anhang (Steuerverfahren).
484 Kantonale Übersicht im Anhang (Steuerverfahren).
485 Kantonale Übersicht im Anhang (Steuerverfahren).

e. Dokumentation

☐ Willensvollstreckerzeugnis

☐ Eheverträge

☐ Erbverträge

☐ Letztwillige Verfügungen

☐ Verträge über Darlehen, Erbvorbezüge, Schenkungen und Liegenschafts-
abtretungen

☐ Evtl. Erbenvollmacht bei Aufenthalt/Wohnsitz im Ausland

☐ Evtl. Steuerunterlagen der letzten Jahre beim Steueramt einfordern[486]

f. Digitaler Nachlass

☐ Überblick über die elektronischen Datenträger, E-Mail-Konten, sozialen
Netzwerke sowie kostenpflichtigen Online-Dienste des Erblassers verschaffen

☐ Zugang prüfen

g. Übrige administrative Tätigkeiten

☐ Post umleiten lassen

☐ Evtl. Nachsendeauftrag aufgeben

☐ Todesfallmeldungen an Liegenschaftsverwaltung, Telefongesellschaft, Tele-
kom-Anbieter etc.

☐ Mietverträge rechtzeitig kündigen (Mietwohnung, Heimzimmer)

☐ Strassenverkehrsamt: Kontrollschilder deponieren

4. Erbteilungsrelevante Handlungen

☐ Keine Teilungshandlungen, solange offen ist, ob die Erbschaft angenommen
oder ausgeschlagen wird

☐ Keine Teilungshandlungen, bis das Steuerinventar abgeschlossen ist
(Verfügungsverbot)[487]

☐ Risikoabschätzung: Herabsetzungs- und/oder Ungültigkeitsklagen

---

486 Kantonale Übersicht im Anhang (Steuerverfahren).

487 N 318.

D. Phase 4: Verwaltung der Erbschaft

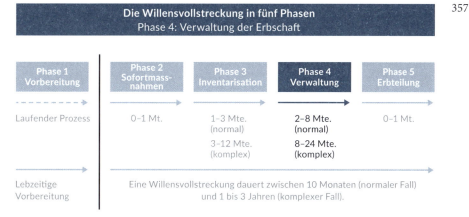

357

Abb. 15: Phase 4 – Die Verwaltung der Erbschaft.
Quelle: Dr. iur. Marc'Antonio Iten

Willensvollstrecker verwalten den Nachlass, bezahlen die laufenden Schulden, richten die Vermächtnisse aus und bereiten die Erbteilung im Sinne des Erblassers und gemäss Gesetz vor. Mit anderen Worten wickeln Willensvollstrecker alle «pendenten Angelegenheiten des Erblassers» ab.[488] Die Verwaltung des Nachlassvermögens bildet die **vierte Phase** im Fünf-Phasen-Modell der Willensvollstreckung.[489] 358

Die Verwaltung der Erbschaft **beginnt** mit dem Abschluss des Steuerinventars und **endet** mit der Zustimmung aller Erben zum Erbteilungsvertrag. 359

Willensvollstrecker verwalten das Nachlassvermögen bis zur Erbteilung **exklusiv,** d.h. anstelle der Erben.[490] Als Ausgleich für diesen Eingriff in ihre Eigentumsrechte sind Willensvollstrecker den Erben zivilrechtlich für den Schaden **verantwortlich,** wenn sie den Nachlass unsorgfältig verwalten.[491] Willensvollstrecker sind zur schonenden Rechts- und Ermessensausübung[492] verpflichtet und stehen unter der Aufsicht einer staatlichen Behörde.[493] 360

---

488 BSK ZGB II-Karrer/Vogt/Leu, Art. 518 ZGB N 35a.
489 N 199.
490 N 93.
491 N 161 ff.
492 N 125 ff.
493 N 144.

361   Die konkreten **Aufgaben** eines Willensvollstreckers ergeben sich aus der anwendbaren güter- und erbrechtlichen Regelung sowie des Nachlassinventars:[494] Wie ist die Vermögens- und rechtliche Situation des Erblassers zu beurteilen, und was folgt daraus für die Verwaltung der Erbschaft bis zur Erbteilung?

362   Die Verwaltung der Erbschaft bildet das **Kernstück** jeder Willensvollstreckung. Selbst Nachlässe von geringem Wert können komplex geartet sein. Besondere Sorgfalt ist bei den Bereichen der Nachlassverwaltung notwendig, die qualifizierte **Haftungsrisiken** beinhalten (Übernahmeverschulden).[495] Hier kann es sich lohnen, schon früh eine Fachperson beizuziehen.[496]

1.   Involvierte Personengruppen

363   Für die Verwaltung der Erbschaft stehen Willensvollstrecker in Kontakt mit überlebenden **Ehegatten, Erben, Vermächtnisnehmern** und **Nachlassgläubigern.**

364   Kluge Willensvollstrecker ermitteln rechtzeitig die Interessen aller involvierten Personengruppen und entwickeln eine Strategie für die Verwaltung der Erbschaft, die den Berechtigten gerecht wird (umfassende **Auftragsanalyse**).[497] Sie **planen** den zeitlichen Ablauf des Mandats, **definieren** die konkreten Massnahmen und **koordinieren** ihre Umsetzung mit den Erben.

a.   Ehegatten

365   Die exklusive **Verwaltungskompetenz** der Willensvollstrecker beschränkt sich auf das Nachlassvermögen und umfasst damit nur einen **Teil** des **ehelichen Gesamtvermögens** verheirateter Erblasser.[498]

366   Die Erbteilung kann erst vollzogen werden, nachdem die **güterrechtliche Auseinandersetzung** abgeschlossen ist, denn erst dann steht fest, was zum Nachlass gehört.[499] Die güterrechtliche Auseinandersetzung ist an keine besondere Form gebunden (Art. 204 Abs. 1 und Art. 226 Abs. 1 ZGB)[500] und wird vom **Willensvollstrecker** vorbereitet.

---

494   N 43.
495   N 178 f.
496   N 186 f.
497   BGE 108 II 535, E. 2b.
498   N 94.
499   PraxKomm Erbrecht-Nertz, Art. 474 ZGB N 27.
500   PraxKomm Erbrecht-Christ/Eichner, Art. 518 ZGB N 75.

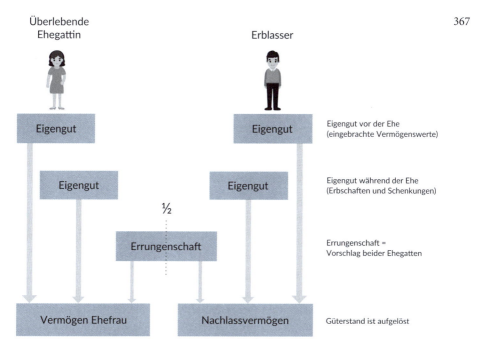

Abb. 16: Ordentlicher Güterstand der Errungenschaftsbeteiligung.
Quelle: Dr. iur. Marc'Antonio Iten

Die güterrechtliche Teilungsvereinbarung wird zwischen der Erbengemein- 368
schaft und dem überlebenden Ehegatten abgeschlossen. Willensvollstrecker
sind **nicht Vertragspartei.**[501]

b. Erben

Gibt es mehrere Erben, entsteht zwischen ihnen ein sogenanntes Gesamthand- 369
verhältnis. Sie werden als Erbengemeinschaft **Gesamteigentümer** am Nachlassvermögen (Art. 560 i.V.m. Art. 602 Abs. 1 und 2 ZGB) und haften solidarisch
für die Schulden der Erblasser (Art. 603 Abs. 1 ZGB). Bei der **Erbengemeinschaft** handelt es sich um eine Zwangsgemeinschaft, die von Gesetzes wegen
entsteht und durch die Erbteilung aufgelöst wird.

Durch eine Willensvollstreckung wird den Erben das Recht auf den **Besitz** 370
und die **Verwaltung** der Erbschaft von Gesetzes wegen entzogen und zur

---

501 ITEN, Verantwortlichkeit, N 624.

exklusiven Ausübung treuhänderisch auf den Willensvollstrecker übertragen (Art. 518 Abs. 2 i.V.m. Art. 602 Abs. 2 ZGB).[502]

371 Nach der bundesgerichtlichen Rechtsprechung ist die Erbengemeinschaft ihrem Wesen nach ein auf Liquidation angelegtes Übergangsgebilde (Liquidationsgemeinschaft).[503] **Zweck** der Erbengemeinschaft ist die Sicherung, Erhaltung und sachgemässe Bewirtschaftung des Nachlassvermögens bis zur Erbteilung.[504] **Erbengemeinschaften** können grundsätzlich ohne zeitliche Beschränkung fortbestehen; mit allen oder einzelnen Erben, mit sämtlichen Erbschaftsgegenständen oder Teilen davon. Voraussetzung ist, dass die Erbengemeinschaft ihren Zweck nicht ändert (Umwandlung).[505]

372 Die Erbengemeinschaft **löst** sich **auf,** sobald sämtliche Aktiven und Passiven des Nachlassvermögens restlos aus dem Gesamteigentum der Erben in das Allein- oder Miteigentum der Berechtigten überführt worden sind (Art. 602 Abs. 1 ZGB).

373 Obwohl die Erben kein Weisungsrecht haben,[506] sollten Willensvollstrecker die Erben wenn immer möglich in die Nachlassverwaltung einbeziehen.[507] Willensvollstrecker müssen die **Interessen** der Erben gleichmässig wahren.[508] Kluge Willensvollstrecker orientieren sich bestmöglich an den individuellen Bedürfnissen der Erben (Haftungsprävention).[509]

374 Wenn sich Konflikte abzeichnen, sollen Willensvollstrecker zwischen den Erben ausgleichend **vermitteln.** Sie versuchen, tragfähige Teilungspläne zu erarbeiten, damit keine gerichtliche Auseinandersetzung nötig wird.[510] Erbrechtliche Prozesse sind aufwendig und teuer, und sie beschädigen den Familienfrieden nachhaltig.

375 Der richtige Umgang mit **Informationen** ist ein zentrales Thema jeder Willensvollstreckung,[511] der regelmässig Anlass zu Aufsichtsbeschwerden

---

502 N 89 (Besitz), 92 f. (Verwaltung und Verfügung).
503 BGer 5A_392/2017 vom 24.8.2017, E. 2.1; 5A_304/2015 vom 23.11.2015, E. 3.2.
504 ITEN, Erbvorbezugsgemeinschaft, S. 365 m.w.H.
505 N 455 ff.
506 N 93.
507 HaftpflichtKomm-ITEN, Art. 518 ZGB N 126 m.w.H.
508 N 122.
509 N 182 f.
510 N 528.
511 N 64 ff.

gibt.[512] Gegenüber den Erben gilt der Grundsatz: laufend, unaufgefordert, gleichzeitig und gleichmässig.[513] Der **Umfang** der Informationsansprüche richtet sich nach den konkreten Bedürfnissen der Erben und den Umständen des Einzelfalls.[514]

c. Vermächtnisnehmer

Willensvollstrecker müssen die **Interessen** der Vermächtnisnehmer gebührend wahren[515] und sind ihnen für die getreue und sorgfältige Erfüllung der Vermächtnisforderung verantwortlich.[516]   376

Willensvollstrecker müssen Vermächtnisse grundsätzlich ausrichten, sobald sie fällig sind (Art. 518 Abs. 2 ZGB). Bei der Erfüllung dieser Pflicht sind sie unabhängig von der Mitwirkung der Erben; ja sie müssen sie selbst **gegen** den ausdrücklichen Willen der **Erben** durchsetzen.[517]   377

Ein Vermächtnis wird **fällig,** sobald die Rechtsstellung der beschwerten Erben definitiv ist (Art. 562 Abs. 2 ZGB). Definitiv wird diese Stellung durch die vorbehaltlose Annahme der Erbschaft, durch das ungenutzte Verstreichen der Frist von drei Monaten (Art. 571 Abs. 1 i.V.m. Art 567 ZGB) oder durch die vorzeitige Verwirkung wegen Einmischung (Art. 571 Abs. 2 ZGB).[518]   378

In grösseren Nachlässen kann es länger dauern, bis die Vermächtnisse eingefordert werden können, falls ihr Bestand und Umfang nicht restlos klar sind.[519] Das ist insbesondere bei **Quotenvermächtnissen** der Fall.   379

Nach Art. 564 Abs. 1 ZGB gehen die **Nachlassschulden**[520] den Vermächtnissen vor. Entsprechend dürfen Willensvollstrecker Vermächtnisse erst auszahlen, wenn sämtliche Nachlassschulden entweder bezahlt oder hinreichend sichergestellt worden sind.[521]   380

---

512 ITEN, Verantwortlichkeit, N 574 m.w.H.

513 N 66.

514 DERSELBE, a.a.O. N 574 m.w.H.

515 BGE 144 III 217, E. 5.2.5.

516 N 161 ff.

517 DERSELBE, a.a.O. N 259 m.w.H.

518 DERSELBE, a.a.O. N 592 m.w.H.

519 BGer 5A_672/2013 vom 24.2.2014, E. 7.2.

520 N 385.

521 BSK ZGB II-KARRER/VOGT/LEU, Art. 518 ZGB N 51; PraxKomm Erbrecht-CHRIST/ EICHNER, Art. 518 ZGB N 66.

381 Übersteigen die Vermächtnisse das reine Nachlassvermögen (=Nettonach-
lass),[522] können die Erben eine **Herabsetzung** verlangen (Art. 486 Abs. 1
ZGB). Dazu muss der Nachlass im Zeitpunkt des Erbgangs festgestellt wer-
den (**Todestagprinzip**), unter Abzug sämtlicher Erblasserschulden (Art. 564
Abs. 1 ZGB),[523] der Todesfallkosten sowie der übrigen Erbgangschulden
(Art. 474 Abs. 2 ZGB)[524].[525]

382 Vermächtnisse, die **Pflichtteile** verletzen, dürfen Willensvollstrecker nur
zuweisen, wenn die Erben auf eine Herabsetzungsklage verzichtet haben oder
ihre Klage verwirkt ist (Haftungsprävention).[526] Willensvollstrecker sollten mit
der Ausrichtung der Vermächtnisse zuwarten, bis über diesen Punkt Klarheit
herrscht, zumal eine ungekürzte Ausrichtung als konkludenter Verzicht des
Beschwerten auf die Herabsetzung gilt.[527]

383 Vermächtnisse, an die Erblasser **Auflagen** geknüpft haben,[528] dürfen erst ausgerichtet werden, nachdem die Erfüllung der Auflagen sichergestellt ist.[529]

d. Nachlassgläubiger

384 Willensvollstrecker müssen die **Interessen** der Nachlassgläubiger gebührend wahren[530] und sind ihnen für die getreue und sorgfältige Erfüllung ihrer
Ansprüche verantwortlich.[531]

385 Willensvollstrecker sind verpflichtet, sämtliche **Nachlassschulden** zu bezahlen
(Art. 518 Abs. 2 ZGB), nachdem sie diese geprüft haben. Bei der Erfüllung dieser Pflicht sind sie unabhängig von den Erben; ja sie müssen sie selbst **gegen**
den ausdrücklichen Willen der **Erben** durchsetzen.[532]

---

522 N 338.
523 N 389 f.
524 N 391 f.
525 PraxKomm Erbrecht-BURKART, Art. 486 ZGB N 3.
526 BSK ZGB II-KARRER/VOGT/LEU, Art. 518 ZGB N 50; PraxKomm Erbrecht-CHRIST/
EICHNER, Art. 518 ZGB N 68.
527 PraxKomm Erbrecht-BURKART, Art. 486 ZGB N 8.
528 N 399 ff.
529 BSK ZGB II-KARRER/VOGT/LEU, Art. 518 ZGB N 50a.
530 HaftpflichtKomm-ITEN, Art. 518 ZGB N 95.
531 N 161 ff.
532 ITEN, Verantwortlichkeit, N 278 m.w.H.

Für persönliche Schulden der Erben sind sie nicht verantwortlich.[533] Für die 386
Nachlassschulden **haften** neben dem Nachlassvermögen (vertreten durch Willensvollstrecker) die Erben persönlich und solidarisch.[534]

Naturalobligationen (moralische, sittliche und weitere Verpflichtungen, die 387
rechtlich nicht durchsetzbar sind) dürfen Willensvollstrecker nur mit der
Zustimmung aller Erben erfüllen. Insbesondere dürfen sie keine **bestrittenen**
oder nicht ausgewiesenen Forderungen tilgen.[535]

Das schweizerische Erbrecht grenzt die sogenannte **Nachlassschuld** von der 388
persönlichen Erbenschuld ab. Nachlassschulden werden unterteilt in persönliche, also lebzeitige Schulden der Erblasser (Erblasserschulden) und in Kosten,
die im Rahmen des Erbgangs (Erbgangschulden) entstanden sind.[536]

Die **Erblasserschulden** basieren weder auf einer Verfügung von Todes wegen 389
(Abgrenzung zum Vermächtnis) noch auf dem Tod der Erblasser (Abgrenzung
zu den Erbgangschulden), sondern auf einem vertraglichen oder öffentlich-
rechtlichen Schuldverhältnis, das die Erblasser begründet haben, als sie noch
lebten. Zeitlich entstehen Erblasserschulden vor den Erbgangschulden.[537]

Praxisbeispiele:[538] 390

– Einkommens- und Vermögenssteuern der Erblasser bis zum Todestag
– Bankgebühren für die lebzeitige Vermögensverwaltung
– Krankenkassen- und weitere Prämien für den Versicherungsschutz der Erblasser
– Mietzinse für die Wohnung der Erblasser bis zur Auflösung des Mietvertrags

---

Erbgangschulden basieren weder auf einer Verfügung von Todes wegen 391
(Abgrenzung zum Vermächtnis) noch auf lebzeitigen Rechtsgeschäften der
Erblasser (Abgrenzung zur Erblasserschuld). Sie entstehen im Zusammenhang
mit dem Tod der Erblasser und der Eröffnung des Erbgangs (Art. 537 Abs. 1
ZGB). Begründet werden sie entweder durch den Abschluss eines vertraglichen Schuldverhältnisses durch Willensvollstrecker, Erben oder Erbenver-

---

533 BSK ZGB II-Karrer/Vogt/Leu, Art. 518 ZGB N 36.
534 BGer 5A_705/2015 vom 21.6.2016, E. 5.2.
535 Iten, Verantwortlichkeit, N 630 m.w.H.
536 Derselbe, a.a.O. N 112 m.w.H.
537 Derselbe, a.a.O. N 114 m.w.H.
538 Beispiele zitiert aus demselben, a.a.O. N 114 m.w.H.

treter oder als öffentlich-rechtliche Forderung (Abgabe, Gebühr oder Steuer). Zeitlich entstehen Erbgangschulden nach den Erblasserschulden.[539]

392 **Praxisbeispiele:**[540]

- Erbschaftssteuern, falls sie kantonal als Nachlasssteuer konzipiert sind (Ausnahme)[541]
- Güterrechtliche Ansprüche der überlebenden Ehegatten (Ersatzforderungen, Vorschlagsanteil)
- Honorar der Willensvollstrecker oder privatrechtlich mandatierter Erbenvertreter
- Todesfallkosten
- Verfahrenskosten bei der Bestellung amtlicher Erbenvertreter
- Verpflichtungen, die Willensvollstrecker oder Erbenvertreter eingegangen sind (z.B. Auftrag zur Verkehrswertschätzung, Auktionsvertrag, Einlagerung von Erbschaftssachen etc.)

393 **Erbengläubiger** sind keine Nachlassgläubiger. Willensvollstrecker sind weder berechtigt noch verpflichtet, die persönlichen Schulden der Erben zu bezahlen. Im Gegensatz zu Nachlassgläubigern können Erbengläubiger nicht direkt auf die Erbschaft zugreifen. Sie haben eine persönliche Forderung gegenüber den Erben, aber nicht gegenüber dem Nachlassvermögen oder dem Willensvollstrecker.[542]

394 **Praxisbeispiele:**[543]

- Einkommens- und Vermögenssteuern der Erben
- Erbschaftssteuer, sofern sie als Erbanfallsteuer ausgestaltet ist (Regel)[544]
- Laufende Verbindlichkeiten der Erben

395 Zu beachten ist, dass die Erbengläubiger den Anteil des Schuldnererben an der unverteilten Erbschaft verarrestieren, pfänden oder ihn gar **konkursamtlich liquidieren** lassen können (Art. 132 Abs. 1 SchKG).[545]

---

539 Iten, Verantwortlichkeit, N 115 m.w.H.
540 Beispiele zitiert aus demselben, Schwarzer Peter, S. 78 f.
541 Kantonale Übersicht im Anhang (Steuerverfahren).
542 Derselbe, Verantwortlichkeit, N 123 m.w.H.
543 Beispiele zitiert aus demselben, a.a.O. N 121 m.w.H.
544 Kantonale Übersicht im Anhang (Steuerverfahren).
545 Derselbe, a.a.O. N 124 ff. m.w.H.

Überlebende Ehegatten sind auch Erben, darum gelten ihre persönlichen   396
Schulden als Erbenschulden.

Praxisbeispiele:[546]   397

- Einkommens- und Vermögenssteuern überlebender Ehegatten bis zum Todestag (Anteil)
- Bankgebühren für Konti und Depots überlebender Ehegatten (inklusive Vermögensverwaltungsgebühren)
- Mietzinse für die Wohnung überlebender Ehegatten bis zur Auflösung des Mietvertrags
- Prämien für die Krankenkasse und weitere Versicherungen überlebender Ehegatten

---

Haben die Erben die Erbschaft unter **öffentlichem Inventar** angenommen   398
(Art. 589 ff. ZGB), dürfen Willensvollstrecker nur die inventarisierten Schulden bezahlen.[547]

e. Auflage

Erblasser können ihre Verfügungen von Todes wegen an Auflagen knüpfen.   399
Die erbrechtliche Auflage (Art. 482 ZGB) verpflichtet eingesetzte oder gesetzliche Erben beziehungsweise Vermächtnisnehmer, etwas Bestimmtes zu **tun,** zu **dulden** oder zu **unterlassen.**

Es gehört zu den Aufgaben von Willensvollstreckern, über die Einhaltung erb-   400
lasserischer Auflagen zu wachen und ihre **Erfüllung** sicherzustellen. Das ist Bestandteil ihres primären Leistungsauftrags, wonach sie den erblasserischen Willen vertreten müssen (Art. 518 Abs. 2 ZGB).[548] Bei der Erfüllung dieser Pflicht sind sie unabhängig von den Erben; ja sie müssen sie selbst **gegen** den ausdrücklichen Willen der **Erben** durchsetzen.[549]

Willensvollstrecker müssen Auflagen selbst gegen den einstimmigen Willen   401
der Erben durchsetzen.[550] **Voraussetzung** ist, dass die Auflage keine Pflichtteile verletzt, weder unsittlich, widerrechtlich (i.S.v. Art. 482 Abs. 2 ZGB), unsinnig noch schikanierend (Art. 482 Abs. 3 ZGB) ist.

---

546 Beispiele zitiert aus ITEN, Schwarzer Peter, S. 79.
547 BSK ZGB II-KARRER/VOGT/LEU, Art. 518 ZGB N 37.
548 N 36 ff.
549 ITEN, Verantwortlichkeit, N 302 m.w.H.
550 Kantonsgericht SG BO.2013.14 vom 20.6.2014, E. 2.d.bb; ITEN, Verantwortlichkeit, N 302 m.w.H.

---

402 **Praxisbeispiele:**

- – Anlagevorschriften der Erblasser für die Zeit nach ihrem Tod
- – Anordnung, wonach Willensvollstrecker, Erben oder Vermächtnisnehmer zunächst eine Stiftung errichten müssen
- – Letztwillige Anordnungen der Erblasser für ihre Bestattung (Grabstein, Grabpflege etc.)

---

2. Nachlassvermögen

403 Damit der Nachlass und die Anteile der Erben daran korrekt ermittelt werden können, muss zunächst der **Anrechnungswert** für spezielle Vermögenswerte wie Beteiligungen an Unternehmen, Kunst, Liegenschaften, Schmuck etc. festgelegt werden.[551]

404 Massgebend für die Berechnung der **Pflichtteile** ist der Verkehrswert am Todestag (Art. 474 Abs. 1 ZGB) und für die **Erbteilung** der Verkehrswert am Stichtag, der für die Erbteilung vereinbart wurde.[552] Art. 617 ZGB Artikel gilt nicht nur für Grundstücke, sondern als allgemeingültiges Prinzip für den gesamten Nachlass.[553] Als **Verkehrswert** gilt der Marktwert, also der Preis, den unabhängige Käufer auf dem freien Markt zu bezahlen bereit wären.[554]

405 Nach dem Grundsatz der freien Erbteilung sind die Erben frei,[555] von der gesetzlichen Regelung abzuweichen und sich nach freiem Ermessen auf die **Anrechnungswerte** der Erbschaftssachen (Aktiven und Passiven) zu einigen.[556] Der Anrechnungswert eines Erbschaftsgegenstandes muss mit anderen Worten nicht zwingend seinem Verkehrswert entsprechen. Einvernehmliche Regelungen der Erben über die Anrechnungswerte sind für Willensvollstrecker verbindlich.[557]

406 Die Bewertung des Nachlassvermögens gibt oft Anlass zu Streitigkeiten, zumal sie die Ehegatten, Erben und Vermächtnisnehmer unmittelbar betrifft, deren **Interessen selten gleich** gelagert sind. Hier können Willensvollstrecker ausgleichend tätig werden und auf tragfähige Lösungen hinwirken, indem sie die

---

551 BSK-Schaufelberger/Lüscher, N 8 zu Art. 610 ZGB.
552 N 552.
553 BGer 5A_311/2009 vom 6.7.2009, E. 3.2; Breitschmid, Stellung, S. 145 f.; Eitel, S. 452; Zeiter, S. 286.
554 BSK-Schaufelberger/Lüscher, N 10 zu Art. 610 ZGB.
555 N 112 ff.
556 BSK-Schaufelberger/Lüscher, N 9 zu Art. 610 ZGB.
557 Iten, Verantwortlichkeit, N 626 m.w.H.

Erben entweder von einem fairen Anrechnungswert überzeugen oder sie auf ein Verfahren verpflichten, mit dem dieser Wert verbindlich festgelegt wird (bspw. Mittelwert aus zwei unabhängigen Verkehrswertschätzungen).

Für die Erben ist es hilfreich, wenn sie sich auf objektive Grundlagen wie eine unabhängige **Verkehrswertschätzung** stützen können, um einen angemessenen Anrechnungswert festzulegen. Können sich die Erben selber nicht auf einen Anrechnungswert einigen, können Willensvollstrecker nach **Rücksprache** mit allen Erben eine oder zwei Verkehrswertschätzungen in Auftrag geben, deren Wert bzw. Mittelwert die Erben vorgängig als verbindlichen Anrechnungswert für die güter- und erbrechtliche Auseinandersetzung anerkennen (Art. 618 ZGB).[558]

Eine Verkehrswertschätzung erfordert Spezialkenntnisse, weshalb unabhängige **Fachpersonen** beizuziehen sind.[559] Insbesondere bei länger dauernden Willensvollstreckungen sollen Verkehrswertgutachten nicht zu früh in Auftrag gegeben werden, zumal für die Erbteilung nicht der Verkehrswert am Todestag entscheidend ist, sondern der Verkehrswert am **Stichtag** der Erbteilung.[560]

An der **Wertveränderung** der Nachlassaktiven und -passiven zwischen Todes- und Teilungstag partizipieren die Erben im Verhältnis ihrer Erbquoten.[561] Für **Substanz**- und **Wertverluste** in der Zeit zwischen der Eröffnung des Erbgangs und der Erbteilung sind Willensvollstrecker den Erben, Vermächtnisnehmern und Nachlassgläubigern grundsätzlich nicht verantwortlich.[562] In der Praxis gibt es aber viele Ausnahmen.[563]

Im Laufe einer Nachlassverwaltung kann es notwendig sein, einzelne Erbschaftsgegenstände zu **liquidieren.** Willensvollstrecker müssen dabei ihre Pflicht zur Erbschaftserhaltung in natura[564] und zur schonenden Rechtsausübung[565] beachten.

Die **Veräusserung** von Erbschaftsgegenständen ist zulässig, wenn sie notwendig ist zur Beschaffung von Liquidität (bspw. um Nachlassschulden oder Vermächtnisse zu bezahlen) oder als vermögenserhaltende Sofortmassnahme

---

558 ITEN, Verantwortlichkeit, N 626 m.w.H.
559 JOST, N 31.
560 N 523.
561 BREITSCHMID, Stellung, S. 143 f.; ZEITER, S. 286 f.
562 ITEN, Verantwortlichkeit, N 641 m.w.H.
563 BGE 142 III 9, E. 5.2.3.
564 N 123 f.
565 N 125 ff.

(bspw. um verderbliche Ware rechtzeitig zu veräussern) oder wenn sie in Absprache mit den Erben oder gestützt auf eine Verfügung von Todes wegen des Erblassers erfolgt.[566] **Unzulässig** ist die Veräusserung von Teilen des Nachlasses, wenn sie einzig dazu dient, die Erbteilung zu erleichtern.[567]

---

412 **Praxisbeispiele:**[568]

– Willensvollstrecker sollen beim Verkauf von Erbschaftssachen auf die Anordnungen der Erblasser und die Interessen der Erben Rücksicht nehmen.

– Verkaufsmodalitäten sind entweder mit den Erben abzusprechen oder nach üblichen Marktbedingungen («at arm's length») zu definieren. Zu diesem Zweck können Willensvollstrecker Angebote von Kaufinteressenten einholen oder Sachen öffentlich versteigern lassen.

– Willensvollstrecker verletzen ihre Pflichten, wenn sie Erbschaftssachen veräussern, ohne den Preis von den Erben genehmigen zu lassen, oder ihnen anbieten, die Sache zum offerierten Preis selbst zu übernehmen.

– Willensvollstrecker, die ohne zwingenden Grund sämtliche Wertschriften verkaufen, handeln pflichtwidrig.

a. Bankguthaben

413 Im Bereich der Vermögensverwaltung lauern **Haftungsrisiken.** Willensvollstrecker sind verpflichtet, sowohl die Substanz als auch den Wert des Nachlassvermögens bestmöglich zu erhalten,[569] was insbesondere im Umgang mit **Wertschriften** anspruchsvoll sein kann.[570]

414 In Nachlässen befinden sich oft zahlreiche Konti und Wertschriftendepots bei mehreren Bankinstituten. Hier gilt es, einen **Ausgleich** zu finden zwischen der Pflicht zum Substanzerhalt in natura,[571] der Gleichbehandlung aller Erben[572] und dem Ziel, das Nachlassvermögen teilbar zu machen.[573]

415 Für den Zahlungsverkehr sollte aus Gründen der Transparenz ein **Nachlassabwicklungskonto** definiert werden, über das sämtliche Ein- und Auszahlun-

---

566 Iten, Verantwortlichkeit, N 632 m.w.H.
567 Derselbe, a.a.O. N 632 m.w.H.
568 Beispiele zitiert aus demselben, a.a.O. N 633 m.w.H.
569 N 124.
570 BGE 142 III 9, E. 4.3.1.
571 N 124.
572 N 120 ff.
573 BGE 142 III 9, E. 4.3.1.

gen abgewickelt werden. Konti sind nach Möglichkeit zu **konsolidieren.** Vor der Überweisung grösserer Beträge (i.d.R. ab CHF 100 000) und der Saldierung (bspw. Sparkonto) sind vorgängig **Rückzugslimiten** in Erfahrung zu bringen, um unnötigen Kosten zu vermeiden. Dasselbe gilt für Wertschriften mit Bezug auf allfällige **Restriktionen.**

Willensvollstrecker müssen die **Liquidität** vorausschauend planen und recht-   416
zeitig abklären, ob Erben Wertschriften aus dem Nachlass übernehmen wollen oder eine Abgeltung in bar bevorzugen.[574]

Willensvollstrecker sollen sich über den Wissensstand der Erben zu Chancen   417
und Risiken der **Anlagepolitik** erkundigen, die Erblasser gewählt haben. Willensvollstrecker mit qualifizierten Fachkenntnissen im Bereich der Vermögensverwaltung (bspw. Banken und Vermögensverwalter) haben eine umfassende **Aufklärungs- und Beratungspflicht.**[575] Sie müssen die Erben rechtzeitig über die Anlagestruktur informieren.

Über die (Neu-)Definition der **Anlagepolitik** durch Willensvollstrecker gibt es   418
zahlreiche Theorien.[576] Um sich vor einer **Haftung** für Schäden aus unsachgemässer Vermögensverwaltung zu schützen, empfehle ich folgende Vorgehensweise:

(1) Die vorhandenen **Anlagen** sorgfältig **prüfen.**[577]   419

(2) Die Erben **früh** und **vollständig** über die Anlagestrategie des Erblassers   420
informieren.[578]

(3) Die Anlagestrategie zusammen mit den **Erben** neu **abstimmen**[579] unter   421
Berücksichtigung des erwarteten Liquiditätsbedarfs (bspw. Erbschaftssteuern, Nachlassschulden, Vermächtnisse etc.)[580] sowie der Teilungswünsche der Erben.[581]

Sind sich die **Erben nicht einig,** müssen Willensvollstrecker die Anlagestra-   422
tegie selbst definieren. Dabei müssen sie eine angemessene Liquidität einpla-

---

574 N 113.
575 Iten, Verantwortlichkeit, N 575 m.w.H.
576 Für eine detaillierte Übersicht: BK-Künzle, Art. 517–518 ZGB N 133 ff.
577 Geiser, S. 181.
578 BGE 142 III 9, E. 5.4.3.
579 BGer 4A_280/2016 vom 10.10.2016, E. 3.2.
580 BGE 142 III 9, E. 5.2.
581 BGer 4A_280/2016 vom 10.10.2016, E. 3.1.

nen und den Grundsatz der Naturalteilung beachten,[582] wonach im Zweifels-fall die Anlagestrategie des Erblassers beibehalten werden soll. Das bedeutet, nur so viele Wertschriften zu verkaufen wie nötig, um die erforderliche Liqui-dität zu beschaffen.[583]

423 Willensvollstrecker sollen ihre Anlageentscheide nach sachlich vertretbaren **Kriterien** treffen,[584] wozu unter anderem die voraussichtliche Dauer bis zur Erbteilung zählt.[585] Im Zweifelsfall soll eine konservative, d.h. ertrags- und kapitalerhaltende Strategie gewählt werden.[586] Dabei ist zu berücksichtigen, wie die Erben ihre Erbanteile nach der Erbteilung nutzen wollen (bar oder Wertschriften).[587] Dies kann dazu führen, dass Willensvollstrecker eine andere Anlagestrategie wählen müssen, als sie der Erblasser verfolgte.[588]

424 (4) Vereinbaren Willensvollstrecker mit den Erben, Wertschriften zu verkau-fen beziehungsweise umzuschichten, müssen sie solche Vereinbarungen **zeit-nah umsetzen.**[589]

---

425 **Praxisbeispiele:**[590]

- Die Struktur des Nachlassvermögens beim Erbgang ist für Willensvollstrecker grundsätzlich verbindlich.
- Willensvollstrecker müssen die erforderliche Liquidität jederzeit gewährleisten.
- Droht ein unmittelbarer Kursverlust von Wertpapieren, haben Willensvollstrecker unter Umständen eine Schadenminderungspflicht. Sie dürfen nicht untätig bleiben, sondern sol-len versuchen, einen Schaden zu verhindern oder möglichst gering zu halten, indem sie gezielt Wertschriften verkaufen. Nach Möglichkeit sollte das nach Rücksprache mit den Erben geschehen.
- Die Anlagepolitik sollte erst nach Absprache mit sämtlichen Erben geändert werden (Ein-stimmigkeit). Das erfordert eine verlässliche Liquiditätsplanung und eine umfassende Infor-mation der Erben über die Chancen und Risiken der Anlagen.

---

582 N 123 f.
583 BGE 142 III 9, E. 5.2.1.
584 N 129.
585 BGE 142 II 9, E. 5.2.1.
586 BGE 142 II 9, E. 5.2.1 m.w.H.; BGer 4A_280/2016 vom 10.10.2016, E. 3.1.
587 BGer 4A_280/2016 vom 10.10.2016, E. 3.1.
588 BGer 4A_280/2016 vom 10.10.2016, E. 3.1.
589 BGE 142 III 9, E. 5.2.2.
590 Beispiele zitiert aus Iten, Verantwortlichkeit, N 641 ff. m.w.H.

– Ist der Vorschlag zur Änderung der Anlagepolitik das Ergebnis einer umfassenden Nachlassberatung (optimale Anlagen, Steuern, Versicherungen etc.), haften Willensvollstrecker unter Umständen wie Anlageberater.

– Um das Risiko eines Übernahmeverschuldens zu mindern, können Willensvollstrecker die Vermögensverwaltung an Spezialisten delegieren und die Umsetzung überwachen.

– Bestehende Vermögensverwaltungsaufträge sollten nicht ohne besonderen Anlass gekündigt werden.

– Das Nachlassvermögen soll konservativ, aber nicht mündelsicher angelegt werden.

– Willensvollstrecker sollen wertvermehrende Anlagen wählen, die der gewählten Anlagepolitik entsprechen.

– Der Nettoertrag sollte über dem aktuellen Kontokorrentzins liegen.

– Bei grossen Vermögen, die ungenügend diversifiziert sind, sollte ein Teil in börsenkotierte Wertschriften angelegt werden.

– Flüssige Mittel sollen im Rahmen der Anlagepolitik reinvestiert werden. Überschüssige Liquidität soll möglichst zinsbringend und mit angemessenen Laufzeiten angelegt werden.

– Willensvollstrecker müssen riskante Vermögensanlagen vermeiden. Schliessen sie zum Beispiel strukturierte Anlagen oder Termingeschäfte ab, werden sie unter Umständen schadenersatzpflichtig.

Willensvollstrecker haben ein uneingeschränktes und **exklusives** Verwaltungs- und Verfügungsrecht über alle Konten und Depots, die auf den Namen der Erblasser lauten.[591] Davon **ausgenommen** sind gemeinschaftliche Kundenbeziehungen (bspw. Compte-joint, Oder-Konto) mit Erbenausschlussklausel.[592]   426

Die **Erbenausschlussklausel** ist eine Vereinbarung der gemeinschaftlichen Bankkunden mit der Bank, wonach das Vertragsverhältnis nach dem Tod eines Kontoinhabers nur mit dem überlebenden Mitinhaber fortgesetzt wird – unter Ausschluss der Erben bzw. des Willensvollstreckers des verstorbenen Mitinhabers. Der Bankvertrag mit dem Erblasser erlischt mit seinem Tod, und die Bank führt den Vertrag mit dem überlebenden Inhaber allein fort.[593] Erbenausschlussklauseln sind rechtlich umstritten,[594] in der Praxis jedoch verbreitet.   427

Willensvollstrecker behalten ihr **Auskunftsrecht** über das Compte-joint für die Zeit bis zum Todestag der Erblasser.[595] Gegenüber der Bank (im Aussenverhältnis) haben sie **keinen Zugriff** auf Konten mit Erbenausschlussklausel. Des-   428

---

591 N 93.
592 N 285 sowie 247 ff.
593 BRUNNER, S. 160 m.w.H.
594 DIESELBE, S. 160 ff.
595 N 88.

halb müssen sie sich an die überlebenden Inhaber (im Innenverhältnis) halten, um die Vermögenswerte der Erblasser dem Nachlassvermögen zuzuführen.[596] Als Mittel stehen die Erbschaftsklage (Art. 598 ZGB) und die Klage auf Herausgabe (Art. 518 Abs. 2 ZGB) zur Verfügung.[597]

429 Willensvollstrecker können für die Verletzung ihrer Sorgfaltspflichten in der Vermögensverwaltung zivilrechtlich zur **Verantwortung** gezogen und für den Schaden ersatzpflichtig gemacht werden.[598] Davon befreit sie die Einwilligung aller Erben (Haftungsprävention).[599] Um das Risiko einer Haftung aus Übernahmeverschulden[600] zu minimieren, kann es sich lohnen, früh Fachpersonen beizuziehen oder zu konsultieren.[601]

b. Versicherungen

430 Willensvollstrecker prüfen umgehend, welche Versicherungsverträge der Erblasser aufgelöst werden können und sollen, machen **Leistungsansprüche** geltend und fordern Rückerstattungen ein.

431 **Krankenkassenprämien,** die für den laufenden Monat und für künftige Monate bereits bezahlt wurden, können zurückgefordert werden (Rückerstattung).[602]

432 Beiträge Selbständigerwerbender und Nichterwerbstätiger, die gestützt auf eine **AHV**-Beitragsverfügung geleistet wurden, können pro rata temporis bezogen auf den Todestag zurückgefordert werden (Rückerstattung).[603]

433 Willensvollstrecker sollen **Ergänzungsleistungen** und/oder **Hilflosenentschädigungen** beantragen, die Erblasser zu Lebzeiten nicht geltend gemacht haben, bevor die Anmeldefrist verjährt ist (Rückerstattung).[604]

c. Hausrat und Wertgegenstände (Mobiliar)

434 Befinden sich **wertvolle** Antiquitäten, Kunst und Schmuck im Nachlass, ist bei der Bewertung, Inventarisierung, Lagerung, Versicherung und beim Ver-

---

596 BRUNNER, S. 166 m.w.H.
597 N 90.
598 ITEN, Verantwortlichkeit, N 641 m.w.H.
599 N 182 f.
600 N 178 f.
601 BGE 124 III 155, E. 3b; BGer 5C.119/2004, E. 3.3.
602 RIEMER-KAFKA, S. 164 m.w.H.
603 DIESELBE, a.a.O. m.w.H.
604 DIESELBE, S. 174 f. m.w.H.

kauf besondere Vorsicht geboten.[605] Hier kann es sich lohnen, Fachpersonen beizuziehen, um keine Haftung aus Übernahmeverschulden[606] zu riskieren (Haftungsprävention).[607]

d. Andere Guthaben (Rückerstattungen)

Willensvollstrecker müssen Ansprüche der Erblasser **geltend machen** und rückforderbare Leistungen dem Nachlass zuführen.[608]

435

Praxisbeispiele:[609]

436

– Möglicherweise müssen vorab Sicherungsmassnahmen beantragt werden (Dringlichkeit oder Gefahr der Verschleierung von Nachlasswerten).

– Willensvollstrecker treiben gefährdete Forderungen ein und sorgen für die rechtzeitige Kündigung von Darlehen.

– Willensvollstrecker müssen Forderungen (z.B. aus dem Arbeitsverhältnis, Ansprüche gegenüber Privat- und Sozialversicherungen oder Pensionskassen etc.) sowohl gegenüber Erben als auch gegenüber Dritten geltend machen.

– Willensvollstrecker verletzen ihren Auftrag, wenn sie nicht prüfen, ob der Erblasser offene Lohn- und Bonusforderungen hatte.

– Der zwangsweisen Zuführung dient in aller Regel die Erbschaftsklage. Möglich ist aber auch eine Klage aus ungerechtfertigter Bereicherung (Art. 62 ff. OR).

Gemäss Art. 518 Abs. 1 i.V.m. Art. 596 Abs. 1 ZGB müssen Willensvollstrecker die Rechte und Pflichten der Erblasser wenn nötig **gerichtlich** oder auf dem **Betreibungsweg** durchsetzen.[610] Willensvollstrecker führen Prozesse anstelle der Erben als **Prozessstandschafter**[611] mit folgender Parteibezeichnung: «Nachlass des XY, vertreten durch W als Willensvollstrecker».[612]

437

Die **Prozessführungsbefugnis** der Willensvollstrecker ist **exklusiv** und umfassend.[613] Sie erstreckt sich auf streitige und nicht streitige Administrativ-, Steuer-,

438

---

605 Vgl. MÜLLER, S. 177 ff.
606 N 178 f.
607 N 186 f.
608 BGer 4A_491/2015 vom 30.3.2015.
609 Beispiele zitiert aus ITEN, Verantwortlichkeit, N 627 m.w.H.
610 PICHLER, Stellung, S. 3.
611 DERSELBE, a.a.O. S. 89 m.w.H.
612 DERSELBE, a.a.O. S. 61 ff.
613 ITEN, Verantwortlichkeit, N 569 m.w.H.

Straf-, Verwaltungs- und Zivilverfahren. Sie umfasst alle Arten von Eingaben, Klagen, prozessualen Handlungen und Rechtsmitteln, materiell-rechtlichen Erklärungen wie Verrechnung oder Verzicht, Vergleich, Rückzug des Verfahrens und auch die Unterlassung jeglicher Auseinandersetzung.[614]

---

439   **Praxisbeispiele:[615]**

- Willensvollstrecker tragen gerichtliche (und aussergerichtliche) Streitigkeiten um Nachlassrechte aus.
- Vor der Einleitung prozessualer Schritte versuchen Willensvollstrecker nach Möglichkeit die Zustimmung der Erben einzuholen.
- Willensvollstrecker ergreifen nötigenfalls geeignete prozessuale Mittel, um Vermögenswerte dem Nachlassvermögen zuzuführen oder um zu verhindern, dass sie abfliessen.
- Willensvollstrecker stellen nötigenfalls ein Gesuch um vorsorgliche Beweisführung, um so die Herausgabe bestimmter Urkunden zu erwirken.
- Willensvollstrecker reichen beim Bundesgericht Beschwerde in Zivilsachen ein.
- Willensvollstrecker führen aktienrechtliche Verantwortlichkeitsklagen.
- Willensvollstrecker sind bei Erbschaftsklagen sowohl aktiv als auch passiv legitimiert (Art. 598 ZGB).
- Unter Umständen sind Willensvollstrecker verpflichtet, in kantonalen Steuerverfahren Rechtsmittel zu ergreifen.
- Willensvollstrecker sind aktiv legitimiert, eine Ungültigkeitsklage zu erheben (Art. 519 ff. ZGB).
- Willensvollstrecker sind nicht aktiv legitimiert, eine Herabsetzungsklage einzureichen (Art. 522 ff. ZGB).
- Willensvollstrecker können Kollokationsklagen führen.
- Willensvollstrecker prüfen Gebührenentscheide der Grundbuchämter und führen bei Bedarf dagegen Beschwerde.
- Willensvollstrecker klagen u.U. aus ungerechtfertigter Bereicherung bzw. wegen einer formungültigen Schenkung.
- Sind Willensvollstrecker nicht zugleich Anwälte, sollen sie Verjährungsfristen, Inkassorisiken etc. durch eine Fachperson abklären lassen.
- In kantonalen Beschwerdeverfahren zum Bestattungswesen haben Willensvollstrecker Parteistellung.
- Willensvollstrecker klagen auf die Durchsetzung der Verwaltung von Kindesvermögen durch Dritte (Art. 321 f. ZGB).
- In Strafverfahren gegen Erblasser können Willensvollstrecker keine Rechtsmittel ergreifen.

---

614   ITEN, Verantwortlichkeit, N 568 f. m.w.H.
615   Beispiele zitiert aus DEMSELBEN, a.a.O. N 569 m.w.H.

Wegen der hohen **Kosten** von Gerichtsverfahren sollten Willensvollstrecker   440
keine vermeidbaren Zivilprozesse führen und generell auf eine aussergerichtliche Streiterledigung hinwirken.[616] Willensvollstrecker beauftragen am besten
rechtzeitig einen Rechtsanwalt mit der Prozessführung, um das Risiko einer
Haftung aus Übernahmeverschulden zu minimieren (Haftungsprävention).[617]

e.   Immobilien

Hinterlassen Erblasser Immobilien, gilt es einige Besonderheiten zu beachten: 441
vom **Erwerb** einer Liegenschaft durch die Erbengemeinschaft über die **Verwal-**
tung durch Willensvollstrecker bis zur **Zuweisung** an Erben, Vermächtnisnehmer oder Dritte.

Praxisbeispiele:[618]   442

- Können sich die Erben nicht auf einen Anrechnungswert für die Liegenschaft einigen, ist eine Verkehrswertschätzung durchzuführen (Art. 618 ZGB).
- Insbesondere bei länger dauernden Willensvollstreckungen sollte eine Verkehrswertschätzung nicht zu früh in Auftrag gegeben werden, da sich der Marktwert bis zur Erbteilung wesentlich ändern kann.
- Bei der Zuweisung einer Liegenschaft infolge Erbteilung ist die Übernahme latenter Grundstückgewinnsteuern und Handänderungssteuern im Erbteilungsvertrag zu regeln. Allenfalls werden diese Steuern vom geschätzten Verkehrswert abgezogen.

Willensvollstrecker stehen in der Stellung von **Liegenschaftenverwaltern.**[619]   443
Die Aufgaben und Befugnisse, die sich daraus ergeben, üben sie **exklusiv** aus.[620]
Sind Willensvollstrecker im Umgang mit Immobilien nicht geübt, riskieren sie
eine Haftung aus Übernahmeverschulden.[621] Deshalb lohnt es sich, früh geeignete Fachpersonen beizuziehen (Haftungsprävention).[622]

---

616   ITEN, Verantwortlichkeit, N 568 m.w.H.
617   N 186 f.
618   Beispiele zitiert aus DEMSELBEN, a.a.O. N 603 m.w.H.
619   BSK ZGB II-KARRER/VOGT/LEU, Art. 518 ZGB N 30 m.w.H.
620   ITEN, Verantwortlichkeit, N 600 m.w.H.
621   N 178 f.
622   N 186 f.

---

444 Praxisbeispiele:[623]

- Willensvollstrecker vertreten die Eigentümerinteressen der Erben gegenüber Behörden, Liegenschaftenverwaltern, Mietern, Pächtern, Nachbarn, Stockwerkeigentümern etc.
- Willensvollstrecker müssen die Rechte als Vermieter wahren: Sie erstellen oder prüfen die Heiz- und Nebenkostenabrechnung und kündigen Miet- und Pachtverhältnisse frist- und formgerecht. Allenfalls sind Mietzinsen anzupassen und einzuziehen. Nötigenfalls beantragen sie die Ausweisung von Mietern oder machen Grunddienstbarkeiten geltend.
- Willensvollstrecker müssen unaufschiebbare Renovationen ausführen lassen. Zu umfassenden Sanierungen sind sie nur mit einem ausdrücklichen Auftrag der Erben befugt. Bevor sie Renovationen in Auftrag geben, sollen sie prüfen, ob sich Mängel anderweitig beheben lassen.
- Bei umfangreichen Immobiliarvermögen müssen Willensvollstrecker den Erben jährlich eine Betriebsrechnung vorlegen.
- Willensvollstrecker prüfen die Versicherungsdeckung der Liegenschaften und schliessen bei Bedarf eine Gebäudehaftpflichtversicherung ab (vor der Erbteilung) bzw. empfehlen deren Abschluss (nach der Erbteilung).
- Willensvollstrecker reichen bei Bedarf Baugesuche ein und verhandeln bei Einsprachen.

---

445   Bevor eine Liegenschaft einem Erben, Vermächtnisnehmer oder Dritten ins Allein- oder Miteigentum zugewiesen werden kann, ist im Grundbuch der **Erbfolgevermerk** eintragen zu lassen. Dies ist der ausserbuchliche Übergang des Allein- oder Miteigentums an der Liegenschaft vom Erblasser in das Gesamteigentum der Erben infolge Erbgangs. Die Zuweisung des Allein- oder Miteigentums infolge **Erbteilung** an die berechtigten Erben erfolgt erst in einem zweiten Schritt. Es findet bei Liegenschaften im Nachlass m.a.W. eine **doppelte Handänderung** statt.[624]

446   Als **Legitimationsausweis** für die Belastung oder Veräusserung von Liegenschaften genügt das Willensvollstreckerzeugnis (Art. 50 Abs. 1 GBV), für die Eintragung des Erbfolgevermerks wird zusätzlich die Erbenbescheinigung benötigt (Art. 65 Abs. 1 lit. b GBV), für den Vollzug eines Vermächtnisses eine beglaubigte Kopie der Verfügung von Todes wegen und die Annahmeerklärung der Vermächtnisnehmer (Art. 64 Abs. 1 lit. c GBV) und für den Vollzug der Erbteilung die schriftliche Zustimmungserklärung oder der schriftliche Erbteilungsvertrag sämtlicher Erben (Art. 64 Abs. 1 lit. b GBV).

---

623   Beispiele zitiert aus ITEN, Verantwortlichkeit, N 600.
624   DERSELBE, a.a.O. N 602 m.w.H.

Willensvollstrecker können Liegenschaften grundsätzlich ohne die Zustim- 447
mung der Erben **veräussern**.[625] Wenn die Erben hingegen eine Versteigerung
von Liegenschaften aus dem Nachlass verlangt haben, werden Willensvollstrecker den Erben ersatzpflichtig, wenn sie diese Liegenschaften ohne Einverständnis der Erben veräussern oder freihändig verkaufen.[626]

Praxisbeispiele:[627]   448

— Bevor Willensvollstrecker Liegenschaften aus dem Nachlass veräussern, müssen sie das
Einverständnis der Erben zum Preis einholen und ihnen die Möglichkeit einräumen, die Liegenschaft zum offerierten Preis selber zu übernehmen.

— Um Liquidität zu beschaffen, sollen Willensvollstrecker zuerst versuchen, Mobiliar bestmöglich zu versilbern, bevor sie Liegenschaften veräussern. Genügt dies nicht, sollen sie
wenn möglich eine Hypothek aufnehmen bzw. bestehende Hypotheken aufstocken.

— Willensvollstrecker dürfen Liegenschaften nur dann freihändig verkaufen, wenn kein Erbe
die Versteigerung verlangt (Art. 612 Abs. 3 ZGB).

— Willensvollstrecker sollen Verträge aushandeln, die für die Erben möglichst vorteilhaft sind.
Gewährleistungspflichten sind soweit gesetzlich zulässig wegzubedingen.

— Willensvollstrecker sollen zumindest prüfen, ob der gebotene Kaufpreis marktkonform ist
(z.B. mit Inseraten).

— Veräussern Willensvollstrecker eine Liegenschaft an Dritte, können sie den Eigentümer-
wechsel ohne Mitwirkung der Erben beim zuständigen Grundbuchamt anmelden.

Die **Grundstückgewinnsteuer** wird aufgeschoben, wenn im Zeitpunkt der 449
Handänderung der Steuertatbestand der Erbfolge oder der Erbteilung erfüllt
ist (Art. 12 Abs. 3 lit. a StHG).[628] Die Zuweisung einer Liegenschaft an die
Erben im Rahmen der Erbteilung führt zu einem **Aufschub** der Besteuerung.[629]

Wurde die Steuer bei der Erbteilung aufgeschoben, wird sie erst fällig, wenn 450
der Erbe die ihm zugewiesene Liegenschaft seinerseits gewinnbringend wei-
terveräussert. Bei der Übernahme der Liegenschaft durch einen Erben lastet
auf der Liegenschaft somit eine zukünftige Grundstückgewinnsteuer, die ihren
Wert bei der Übernahme mindert; man spricht von **latenten Grundstückgewinnsteuern**.[630]

---

625 BGer 5D_136/2015 vom 18.4.2016, E. 5.1.
626 BGer 5D_136/2015 vom 18.4.2016, E. 5.1.
627 Beispiele zitiert aus ITEN, Verantwortlichkeit, N 604 m.w.H.
628 DERSELBE, Erbvorbezugsgemeinschaft, S. 356.
629 DERSELBE, Verantwortlichkeit, N 615 m.w.H.
630 DERSELBE, Erbvorbezugsgemeinschaft, S. 356 m.w.H.

451 Tatbestände, die einen **Steueraufschub** erlauben, können unbeschränkt aneinander gereiht werden.[631] So beispielsweise erstmals bei der Erbfolge, sodann bei jeder partiellen Erbteilung[632] und schliesslich bei der Auflösung der Erbengemeinschaft.

452 Der **Erbteilungsvertrag** soll festhalten, ob und in welchem Umfang latente Grundstückgewinnsteuern im Anrechnungswert[633] berücksichtigt sind (voll, hälftig oder gar nicht) und ob sich daraus nachträgliche Folgen für die übrigen Erben ergeben, falls der Erbe, der die Liegenschaft übernimmt, sie später veräussert (nachträgliche Gewinn-/Verlustbeteiligung).[634]

453 Das Vermögen von **Ehepaaren** untersteht den Regeln des ehelichen Güterrechts (Errungenschaftsbeteiligung, Gütergemeinschaft oder Gütertrennung). Viele Ehepaare leben im Güterstand der Errungenschaftsbeteiligung und halten ihre Liegenschaften im Gesamteigentum. Unabhängig vom Güterstand können Ehegatten Verträge miteinander abschliessen oder eine Gesellschaft gründen (zum Beispiel eine **Ehegattengesellschaft**), um Liegenschaften gemeinsam zu halten und zu verwalten.

454 Haben die Ehegatten durch Gesellschaftsvertrag Rechte und Pflichten begründet, unterstehen sie damit drei verschiedenen Regelungsbereichen, nämlich dem **Gesellschaftsrecht,** dem **Ehegüterrecht** und dem **Erbrecht.** Stirbt einer der Gesellschafter, wird die einfache Gesellschaft aufgelöst, und es entsteht vorerst eine Liquidationsgesellschaft. Mit ihrem Ende ist erst die Ehegattengesellschaft aufgelöst. Güter- und erbrechtlich bleibt die Zuordnung des **Liquidationsergebnisses** zu beachten, das an die Stelle der bisherigen Gesellschaftsanteile getreten ist.[635]

455 Erbengemeinschaften können sich auflösen durch die Realteilung, den Vollzug eines Erbteilungsvertrages oder eines Gerichtsurteils oder durch die **Umwandlung** in eine andere Gemeinschaftsform, in der Regel in eine einfache Gesellschaft.[636]

456 In der Praxis werden viele Erbengemeinschaften zu **einfachen Gesellschaften,** wenn die Erben das Potenzial von Liegenschaften im Nachlass ausschöpfen wollen, indem sie diese zunächst renovieren und dann mit Gewinn veräussern.

---

631 BGE 141 II 207, E. 4.2.2.
632 N 533 f.
633 N 403 ff.
634 HARMANN, S. 300.
635 PraxKomm Erbrecht-KÜNZLE, Einleitung N 144.
636 ITEN, Erbvorbezugsgemeinschaft, S. 357.

ERBENGEMEINSCHAFT 457

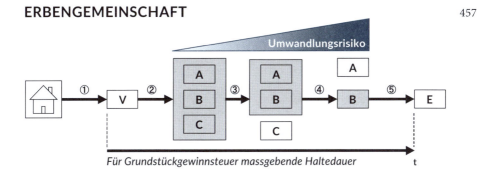

Abb. 17: Umwandlungsrisiken von Erbengemeinschaften mit Immobilien.
Quelle: TREX 6/2018, S. 357

HANDÄNDERUNG	EIGENTUMSFORM	STEUERFOLGE
① Erwerb	Alleineigentum	Grundstückgewinnsteuer
② Erbfolge	Gesamteigentum	Aufschub
③ Subj.-partielle Erbteilung	Gesamteigentum	Aufschub
④ Erbteilung	Alleineigentum	Aufschub
⑤ Veräusserung	Alleineigentum	Grundstückgewinnsteuer

Abb. 17: Umwandlungsrisiken von Erbengemeinschaften mit Immobilien.
Quelle: TREX 6/2018, S. 357

Mit der Umwandlung einer Erbengemeinschaft in eine handelsrechtliche 458
Gesellschaft gilt die **Erbengemeinschaft** als **aufgelöst**.[637] Die gemeinsame
Berechtigung der bisherigen Erben als Gesamteigentümer am Nachlass wird
damit auf einer gesellschaftsrechtlichen Grundlage fortgesetzt. Die Umwandlung führt zur **Beendigung** des **Willensvollstreckermandats**.[638]

Praxisbeispiele:[639] 459

– Bauprojekte und Umnutzungen
  Realisiert eine Erbengemeinschaft ein gemeinsames Bauprojekt, erfüllt dies unter Umständen den Tatbestand des planmässigen und systematischen Vorgehens, was für eine
  Umwandlung spricht. Die Überbauung von Grundstücken mit Mehrfamilienhäusern bzw.
  allgemein die Durchführung grösserer Bauvorhaben durch die Erben wird regelmässig als
  Vorgehen eingestuft, das den Rahmen einer gewöhnlichen Bewirtschaftung sprengt und
  damit zu einer Umwandlung in eine einfache Gesellschaft führt.

---

637 ITEN, Erbvorbezugsgemeinschaft, S. 359.
638 BGer 5A_195/2013, E. 2.1.
639 Beispiele zitiert aus DEMSELBEN, a.a.O. S. 358 f. m.w.H.

– Investitionen
Die Belastung eines bisher unbelasteten Grundstücks mit einem Grundpfand von CHF 300000 spricht ebenso für eine Umwandlung in eine einfache Gesellschaft wie die Aufnahme einer Hypothek für einen Neubau. Erfolgte die Aufnahme der Hypothek jedoch, um die übrigen Erben auszuzahlen (Ausgleichszahlung), spricht dies m.E. gegen eine Umwandlung.

– Umbau, Renovation und Sanierung
Eine umfassende Sanierung von Liegenschaften und die anschliessende Veräusserung erfüllen regelmässig den Tatbestand der Umwandlung.

– Zeitablauf
Besteht eine Erbengemeinschaft 40 Jahre lang, liegt die Vermutung nahe, dass sie sich in eine neue Gemeinschaft umgewandelt hat, in der Regel eine einfache Gesellschaft. Erbengemeinschaften können jedoch über Jahrzehnte bestehen, ohne sich in eine andere Gesellschaftsform umzuwandeln.

460   Wandeln sich Erbengemeinschaften in einfache Gesellschaften um, prüfen die Steuerbehörden häufig, ob die Gesellschafter als **gewerbsmässige Liegenschaftenhändler** qualifiziert werden sollen.[640]

461   Für professionelle **Willensvollstrecker** ergeben sich besondere Sorgfaltspflichten, weil sie die Erben im Vorfeld eines Liegenschaftenprojekts über die steuerlichen Risiken aufklären und beraten müssen.[641] Es kann sich lohnen, früh eine Fachperson beizuziehen, um das Risiko einer Haftung aus Übernahmeverschulden zu minimieren (Haftungsprävention).[642]

f.   Beteiligungen an Unternehmen

462   Die **Bewertung** von Unternehmen und damit die Höhe der Abfindungsansprüche bieten regelmässig Stoff für Diskussionen innerhalb der Erbengemeinschaft. Hier können Willensvollstrecker wertvolle Dienste leisten: Sie sorgen in der Phase des Generationenwechsels für **Kontinuität** im Unternehmen und stellen sicher, dass die Unternehmensführung handlungsfähig bleibt.[643]

463   Willensvollstrecker können die Unternehmensnachfolge nicht selbst regeln. Sie müssen die **Nachfolgeregelung** vollziehen, die der Erblasser vorgesehen hat.[644]

---

640   ITEN, Erbvorbezugsgemeinschaft, S. 359 f.
641   DERSELBE, a.a.O. S. 360.
642   N 186 f.
643   DERSELBE, Verantwortlichkeit, N 583 m.w.H.
644   DERSELBE, a.a.O.

Abb. 18: Nachfolge im Unternehmen rechtzeitig regeln.
Quelle: Dr. Strebel, Dudli + Fröhlich Steuerberatung und Treuhand AG, Zürich

Willensvollstrecker sollten sich nach Möglichkeit auf eine reine **Kontrollfunk-** 465
tion beschränken, ohne selbst die Geschäfte zu führen. Eine interimistische
Geschäftsführung beinhaltet zahlreiche administrative, personelle und struk-
turelle Aufgaben.[645]

Im Bereich der Unternehmensnachfolge ist das Risiko eines **Übernahmever-** 466
schuldens besonders gross.[646] Aus Gründen der Haftungsprävention kann es
sich deshalb lohnen, früh Fachpersonen beizuziehen.[647]

Einzelfirma und Personengesellschaft 467

Willensvollstrecker vertreten sämtliche Rechte und Pflichten der Erblasser als 468
Inhaber einer Einzelfirma oder als Gesellschafter einer Personengesellschaft.[648]

---

645 DERSELBE, a.a.O. N 584 m.w.H.
646 N 178 f.
647 N 186 f.
648 BSK ZGB II-KARRER/VOGT/LEU, Art. 518 ZGB N 31.

Dies bedingt unter Umständen die **interimistische Geschäftsführung,** bis die Nachfolge geregelt oder das Unternehmen liquidiert werden konnte.[649]

469 Personengesellschaften werden nach dem Tod eines Gesellschafters aufgelöst, wenn nichts Gegenteiliges vereinbart worden ist (Art. 545 Abs. 1 Ziff. 2, Art. 574 Abs. 1 und Art. 619 Abs. 1 OR).[650] Die Aufgaben von Willensvollstreckern erschöpfen sich in diesem Fall darin, die Gesellschaft zu **liquidieren** und im Handelsregister löschen zu lassen (Art. 68 HRV).

470 Falls vereinbart wurde, die Gesellschaft weiterzuführen, müssen Willensvollstrecker auf eine **Nachfolgeregelung** hinwirken oder die Regelung der Erblasser durchsetzen.[651] Willensvollstrecker veranlassen im **Handelsregister** die erforderliche Anmeldung bzw. Löschung (Art. 17 Abs. 3 HRegV).[652]

471 Ausgleichskassen können Beitragsforderungen während fünf Jahren seit der Fälligkeit geltend machen. Willensvollstrecker prüfen, ob die Erblasser ihren gesetzlichen Meldepflichten bei der **AHV** nachgekommen sind. Andernfalls lasten auf dem Nachlass möglicherweise verdeckte Beitragsschulden.[653]

472 **Aktiengesellschaft und GmbH**

473 Willensvollstrecker kümmern sich um den Vollzug der **Nachfolgeregelung** und sorgen dafür, dass die statutarischen Organe bestellt werden.[654] Wurde die Nachfolge nicht geregelt, sollen Willensvollstrecker nach Rücksprache mit den Erben versuchen, die Kontinuität der Unternehmensführung sicherzustellen. Falls nötig, bestellen sie zunächst einen **neuen Verwaltungsrat,** weil nur er die Löschung des Erblassers beim Handelsregister anmelden kann (Art. 938b OR).[655]

474 Willensvollstrecker **verwalten** die Aktien (AG) bzw. die Stammanteile (GmbH) und bereiten deren Teilung vor. Als Vertreter der **Aktionärsrechte** sollen Willensvollstrecker auf eine rasche Bestellung des Verwaltungsrates hinwirken. War der Erblasser Verwaltungsrat einer Aktiengesellschaft, so vererbt sich diese Position nicht auf die Erben. Willensvollstrecker übernehmen in diesem Fall **keine Verwaltungsratsfunktionen.**[656]

---

649 Dieselben, a.a.O.
650 BK-Künzle, Art. 517–518 ZGB N 188.
651 Iten, Verantwortlichkeit, N 585 m.w.H.
652 BSK ZGB II-Karrer/Vogt/Leu, Art. 518 ZGB N 31.
653 Riemer-Kafka, S. 176 f. m.w.H.
654 BSK ZGB II-Karrer/Vogt/Leu, Art. 518 ZGB N 32.
655 Pichler, Familienunternehmen, S. 26.
656 Derselbe, a.a.O. S. 23.

Die **Unternehmensführung** ist **nicht** Aufgabe des Willensvollstreckers, son- 475
dern des Verwaltungsrates (AG) bzw. der Geschäftsführung (GmbH).[657] Willensvollstrecker sorgen lediglich dafür, dass der **Verwaltungsrat** (AG) bzw. die
Geschäftsführung (GmbH) ordentlich **bestellt** und handlungsfähig ist.

Hingegen üben Willensvollstrecker **exklusiv** die **Stimm-** und **Kontrollrechte** 476
der Erben als neue Aktionäre in der Generalversammlung bzw. Gesellschafter in
der Gesellschafterversammlung aus (Genehmigung der Jahresrechnung, Neube-
stellung des Verwaltungsrates, Statutenänderungen etc.).[658] Das gilt sowohl für
Inhaber- und Namensaktien[659] als auch für Stammanteile an einer GmbH.

Für die **Anmeldung** der Beschlüsse der Generalversammlung beim **Handels-** 477
register ist der Verwaltungsrat zuständig (Art. 931a OR, Art. 17 Abs. 1 lit. c
HRegV); Willensvollstrecker können diese Aufgabe nicht übernehmen.[660]

Eine ungenügende **Kontrolle** über die **Geschäftsführung** kann zu einem 478
Wertverlust der Aktien führen. Um eine Haftung aus Übernahmever-
schulden[661] zu vermeiden, lohnt es sich, früh Fachpersonen beizuziehen
(Haftungsprävention).[662]

3. Administration

a. Erbschaftsverfahren

In der **amtlichen Eröffnung** von Testamenten und Erbverträgen legt die 479
zuständige Behörde[663] vorläufig aus, welche Personen erbberechtigt sind oder
als Vermächtnisnehmer bedacht wurden, und teilt ihnen den Inhalt der letztwilligen Verfügungen mit, die für sie massgeblich sind (Art. 558 Abs. 1 ZGB).

Nach einer Frist von einem Monat können gesetzliche und eingesetzte Erben 480
bei der zuständigen Behörde[664] eine **Erbbescheinigung** verlangen (Art. 559
Abs. 1 ZGB).[665]

---

657 Derselbe, a.a.O. S. 47.
658 BSK ZGB II-Karrer/Vogt/Leu, Art. 518 ZGB N 32; PraxKomm Erbrecht-Christ/
     Eichner, Art. 518 ZGB N 52.
659 Iten, Verantwortlichkeit, N 586.
660 Pichler, Familienunternehmen, S. 27 m.w.H.
661 N 178 f.
662 Derselbe, a.a.O. S. 26.
663 Kantonale Übersicht im Anhang (Erbschaftsverfahren).
664 Kantonale Übersicht im Anhang (Erbschaftsverfahren).
665 N 510.

481 Willensvollstrecker müssen **letztwillige Verfügungen** und **Erbverträge** so nehmen, wie sie **objektiv** zu verstehen sind. Sie dürfen weder vermeintliche Lücken selbständig füllen noch mehrdeutige Klauseln verbindlich auslegen. Sie können und sollen den Erben zwar **Auslegungsvorschläge** machen; wenn sie sich aber nicht darauf einigen, entscheiden die Gerichte.[666]

482 Willensvollstrecker dürfen offensichtlich **formungültige Verfügungen** nicht umsetzen, ohne die Erben vor Ablauf der Anfechtungsfrist auf ihre Klagemöglichkeiten aufmerksam zu machen (Ungültigkeitsklage nach Art. 519 ff. ZGB).[667] Dasselbe gilt für den Hinweis auf mögliche **Pflichtteilverletzungen** (Herabsetzungsklage nach Art. 522 ff. ZGB).[668] Die **Anfechtungsfristen** (Ungültigkeit und Herabsetzung) laufen spätestens ab der amtlichen Testamentseröffnung, bei einer Privateröffnung durch den Willensvollstrecker schon früher.

b. Steuerverfahren

483 Willensvollstrecker sind verpflichtet, die Nachlassschulden zu bezahlen, nachdem sie diese geprüft haben (Art. 518 Abs. 2 ZGB). Dazu gehören auch sämtliche offenen **Steuerforderungen** zulasten der Erblasser bzw. von deren Nachlass. Die persönlichen Steuern der Erben zählen nicht dazu.[669]

484 Die Erben **haften** persönlich und solidarisch für die Steuerschulden der Erblasser (Steuersukzession).[670] Für die **direkte Bundessteuer** haften Willensvollstrecker aufgrund von Art. 13 Abs. 4 DBG persönlich und solidarisch mit den Erben.[671] Willensvollstrecker können sich von dieser **Haftung befreien,** indem sie nachweisen, dass sie die gebotene Sorgfalt aufgebracht haben. Deshalb sollten sie mit der Erbteilung und mit Akontozahlungen an die Erben zuwarten, bis sämtliche offenen **Steuern bezahlt** oder hinreichend sichergestellt sind.[672]

485 Die Solidarhaftung von Willensvollstreckern für **Staats-** und **Gemeindesteuern** ist in der kantonalen Steuergesetzgebung geregelt.[673]

---

666 N 40.
667 Iten, Verantwortlichkeit, N 561 m.w.H.
668 Derselbe, a.a.O. N 561 m.w.H.
669 Künzle/Lyk, Steuerverfahren 1, S. 125.
670 PraxKomm Erbrecht-Niederer/Würsten, Anhang Steuern N 276; Künzle/Lyk, Steuerverfahren 1, S. 124.
671 Kantonale Übersicht im Anhang (Steuerverfahren).
672 PraxKomm Erbrecht-Niederer/Würsten, Anhang Steuern N 281.2
673 Kantonale Übersicht im Anhang (Steuerverfahren).

Für die Zeit ab dem Todestag bis zur Erbteilung müssen die **Erben** ihren Anteil   486
an der **unverteilten Erbschaft** (Erträge und Vermögen) in ihrer persönlichen
Steuererklärung deklarieren (Art. 10 Abs. 1 DBG).[674] Ihrer Steuererklärung
müssen sie einen **Steuerausweis** über die unverteilte Erbschaft per 31.12. bei-
legen, den der Willensvollstrecker ausstellt.[675]

Die **Erbschaftssteuern** wurden in der Schweiz auf Bundesebene nicht harmo-   487
nisiert und werden weiterhin durch die kantonale Steuergesetzgebung geregelt.[676] Sie sind mehrheitlich als persönliche Schuld der Erben ausgestaltet
(**Erbanfallsteuer**) und nur selten als Nachlassschuld (**Nachlasssteuer**).[677]

Erbschaften werden in erster Linie von dem Kanton besteuert, in dem der Erb-   488
lasser seinen letzten Wohnsitz hatte (**Hauptsteuerdomizil**). Die Kompetenz
der Wohnsitzkantone zur Erhebung von Erbschaftssteuern wird durch steuerrechtliche **Sonderanknüpfungen** durchbrochen (bspw. Betriebsstätten und
Grundstücke), die gleichzeitig weitere Kantone dazu ermächtigen, Erbschaftssteuern zu erheben (beschränkte Steuerpflicht).[678]

Das Bundesgericht hat eine langjährige und weitgehend gefestigte Rechtspre-   489
chung entwickelt, um das verfassungsrechtliche Verbot der interkantonalen
Doppelbesteuerung (Art. 127 Abs. 3 BV) zu konkretisieren.[679] Die **Doppelbe-
steuerungspraxis** des Bundesgerichts sieht vor, dass die beteiligten Wohnsitz-
und Liegenschaftskantone jeden Erbanteil und jedes Vermächtnis im Umfang
ihrer kantonalen Besteuerungsquote besteuern dürfen.[680] Somit werden sämtliche **Erben** und **Vermächtnisnehmer** in **allen Kantonen steuerpflichtig**, die
an der Besteuerung der Erbschaft beteiligt sind.

Für **Liegenschaften** ausserhalb des letzten Wohnsitzes des Erblassers können   490
sowohl der Wohnsitz- als auch der Liegenschaftskanton Erbschaftssteuern
erheben, und zwar auch von Erben und Vermächtnisnehmern, die die Liegenschaft nicht übernehmen (interkantonale Steuerausscheidung).[681]

---

674   PraxKomm Erbrecht-NIEDERER/KLAESI, Anhang Steuern N 223 f.
675   ITEN, Verantwortlichkeit, N 581 m.w.H.
676   KÜNZLE/LYK, Steuerverfahren 2, S. 185.
677   Kantonale Übersicht im Anhang (Steuerverfahren).
678   BGer 2P.98/2004 vom 9.5.2005, E. 3.1; ITEN/JANSEN, S. 79 m.w.H.
679   BGer 2C_393/2008 vom 19.11.2008; 2P.98/2004 vom 9.5.2005; 2P.314/2001 vom
       23.9.2003.
680   ITEN/JANSEN, S. 79 m.w.H.
681   Vgl. ITEN/JANSEN, S. 78 ff. für detaillierte Ausführungen und Berechnungsbeispiele.

491   Kantone **bewerten** Liegenschaften im Nachlass nach unterschiedlichen Metho-
den.[682] Manche Kantone legen der Veranlagung die Erbteilungswerte zugrunde,
die ihnen im Zeitpunkt der Veranlagung bekannt sind. Diese Werte können
höher oder tiefer sein als der Verkaufserlös und die Anrechnungswerte,[683] auf
die sich die Erben später einigen. Eine nachträgliche Korrektur einer rechts-
kräftigen Veranlagung aufgrund einer späteren Erbteilung oder Veräusserung
ist nicht möglich.[684]

492   Willensvollstrecker müssen im **Erbschaftssteuerverfahren** mitwirken (Steuerinventar), sie werden durch die Steuergesetzgebung zwar **nur ausnahmsweise** verpflichtet, das Verfahren für die Erben zu erledigen; zum Beispiel dann,
wenn die kantonale Erbschaftssteuer als Nachlasssteuer ausgestaltet ist[685] oder
wenn bei Vermächtnissen die Bezahlung der Erbschaftssteuern zulasten des
Nachlasses angeordnet wurde.[686] Ungeachtet dessen sind Willensvollstrecker
den Erben m.E. für die korrekte Veranlagung verantwortlich.

493   **Praxisbeispiele:[687]**

– Die Erbschaftssteuer wird auf der Basis des Nettonachlassvermögens am Todestag veran-
schlagt.[688]

– Im Veranlagungsverfahren der Erbschaftssteuer sollen Willensvollstrecker alle bekannten
und erwarteten Passiven (Erblasserschulden sowie Erbgangschulden inkl. Todesfallkosten)
vom Bruttonachlass abziehen.

– Willensvollstrecker sollen mindestens einen angemessenen Betrag für ihr Honorar als Rückstellung gegenüber der Steuerbehörde geltend machen.

– Für nicht bezifferbare Nachlassschulden sollen Willensvollstrecker ausreichende Rückstellungen bilden und gegenüber der Steuerbehörde geltend machen.

– Von Willensvollstreckern verursachte Anwaltskosten sind nicht abzugsfähig.

494   Ob Willensvollstrecker mit ihrem persönlichen Vermögen solidarisch mit den
Erben für die Erbschaftssteuern **haften,** ist kantonal geregelt.[689]

---

682   Kantonale Übersicht im Anhang (Steuerverfahren).
683   N 403 ff.
684   BSK-Schaufelberger/Lüscher, N 13 zu Art. 610 ZGB m.w.H.
685   Kantonale Übersicht im Anhang (Steuerverfahren).
686   BSK ZGB II-Karrer/Vogt/Leu, Art. 518 ZGB N 33.
687   Beispiele zitiert aus Iten, Verantwortlichkeit, N 614 m.w.H.
688   N 338.
689   Kantonale Übersicht im Anhang (Steuerverfahren).

Bei Nachlässen mit **Auslandbezug** gibt es zahlreiche steuerrechtliche Fallstri-   495
cke. Um das Risiko einer Haftung aus Übernahmeverschulden[690] zu minimieren, kann es sich lohnen, früh Fachpersonen beizuziehen oder zu konsultieren
(Haftungsprävention).[691] In jedem Fall sind die einschlägigen **Doppelbesteue-
rungsabkommen** zu beachten.[692]

Nach dem Grundsatz der freien Erbteilung haben die Erben das Recht, von der   496
gesetzlichen oder letztwillig verfügten Erbfolge abzuweichen.[693] In der Praxis kommt es vor, dass einzelne Erben zugunsten anderer Erben teilweise oder
ganz auf ihren **Erbanteil verzichten.** Bevor ein solcher Verzicht im Teilungsvertrag festgehalten wird, sollten Willensvollstrecker prüfen, ob dieser Vor-
gang im betroffenen Kanton die Voraussetzungen für eine steuerbare Schenkung erfüllt. Bei einer sogenannten **Querschenkung** schuldet der verzichtende
Erbe die ordentliche **Erbschaftssteuer** auf seinem ursprünglichen Erbanteil,
und der begünstigte Miterbe muss zusätzlich **Schenkungssteuern** auf dem
Erbanteil bezahlen, der ihm vom verzichtenden Erben zugewendet wurde.[694]
Dies gilt insbesondere auch beim Abschluss teilungsrechtlicher Vergleiche.[695]

Verrechnungssteuern, die zwischen dem Todestag und der Erbteilung auf   497
Erträgen aus der unverteilten Erbschaft angefallen sind, sollen Willensvollstrecker für die rückforderungsberechtigten Erben zurückfordern (Formular
S-167).[696] Sie müssen die Rückerstattung der Verrechnungssteuern in Erbfällen vollständig und fristgerecht beantragen, bevor der Anspruch **verjährt.**[697]
Gemäss Art. 32 Abs. 1 VStG verjährt dieser Rückerstattungsanspruch, wenn er
nicht innert drei Jahren nach Ablauf des Kalenderjahres gestellt wird, indem
die steuerbare Leistung fällig wurde.

c.   Nachlassbuchhaltung

In **einfachen** Fällen genügt es, die Bankauszüge geordnet abzulegen. **Komple-**   498
xere Fälle erfordern hingegen eine professionelle Buchführung nach anerkann-
ten kaufmännischen Grundsätzen.[698] Bei umfangreichen **Immobiliarvermö-**

---

690   N 178 f.
691   N 186 f.
692   Dazu ausführlich: PraxKomm Erbrecht-TAROLLI/FLÜCKIGER, Anhang Steuern N 64 ff.
693   N 113.
694   BSK-SCHAUFELBERGER/LÜSCHER, N 10 zu Art. 607 ZGB.
695   Vgl. BGE 105 Ia 54, E. 2.
696   PraxKomm Erbrecht-CHRIST/EICHNER, Art. 518 ZGB N 64.
697   ITEN, Verantwortlichkeit, N 616 m.w.H.
698   BK-KÜNZLE, Art. 517–518 ZGB N 407.

gen müssen Willensvollstrecker den Erben jedes Jahr eine Betriebsrechnung vorlegen.[699] Es kann sich lohnen, die Buchführung Fachpersonen wie Buchhaltern oder Treuhändern zu übertragen (Haftungsprävention).[700]

499   Der Bestand per Todestag und die Wertveränderung des Nachlassvermögens (Aktiven und Passiven) auf den vereinbarten Stichtag[701] hin wird in einer **Liquidationsrechnung** dargestellt. Die Liquidationsrechnung basiert auf einer fiktiven Berechnung des teilbaren Nettonachlassvermögens,[702] indem zum Wert des Nachlassvermögens am Todestag alle Mehreinnahmen und Mehrausgaben bis zum Stichtag addiert bzw. subtrahiert werden.

500

Einnahmen		
Nachlassvermögen per Todestag, 30. September 2018	CHF	500 000.00
Einnahmen		
Erträge aus Wertschriften und Guthaben	CHF	7 000.00
Kursgewinne	CHF	15 000.00
Diverse (Rückerstattungen)	CHF	18 000.00
Total Einnahmen	**CHF**	**540 000.00**
Ausgaben		
Vermächtnisse (brutto)	CHF	58 500.00
Kursverluste	CHF	2 000.00
Erbgangschulden	CHF	9 500.00
Total Ausgaben	**CHF**	**70 000.00**
Total Einnahmen		540 000.00
Total Ausgaben		70 000.00
Zu teilendes Nettonachlassvermögen per Stichtag 31.10.2019	**CHF**	**470 000.00**

Abb. 19: Liquidationsrechnung per Stichtag für die Erbteilung.
Quelle: Dr. iur. Marc'Antonio Iten

501   Die **Aktivseite** der Liquidationsrechnung setzt sich zusammen aus dem Saldo des Nachlassvermögens am Todestag[703] zuzüglich aller Mehreinnahmen, die bis zum Stichtag für die Erbteilung[704] erzielt wurden (bspw. Erträge aus Wertschriften und Guthaben, Kursgewinne und Wertsteigerungen sowie Rückerstattungen), sowie der Wertvermehrungen.

---

699   HaftpflichtKomm-Iten, Art. 518 ZGB N 117 m.w.H.
700   N 186 f.
701   N 523.
702   N 338.
703   N 333 ff.
704   N 523.

Einnahmen zwischen dem Todestag, 30. September 2018 und dem Stichtag, 31. Oktober 2019					502

Erträge aus Wertschriften und Guthaben

31.12.2018	Sparkonto, Zinsgutschrift (netto)	CHF	200.00		
10.02.2019	Genossenschaftsanteile, Zins 2018 (netto)	CHF	400.00		
15.02.2019	Sparkonto, Abschlusszins	CHF	100.00		
31.03.2019	Wertschriften, Dividende (netto)	CHF	800.00		
30.09.2019	Obligationen, Zins (netto)	CHF	5 500.00	CHF	7 000.00

Kursgewinne

30.09.2018	265 Anteile Vontobel Swiss Dividend Klasse -A- (Valor 279570)				
	Marktwert per Todestag	CHF	120 000.00		
31.08.2019	Verkaufserlös (netto)	CHF	130 000.00		
	Kursgewinn	CHF	10 000.00		
30.09.2018	30 000 NZD International Finance Corp. 3⅞% (Valor 20754976)				
	Marktwert per Todestag	CHF	25 000.00		
31.08.2019	Verkaufserlös (netto)	CHF	30 000.00		
	Kursgewinn	CHF	5 000.00		15 000.00

Rückerstattungen

31.10.2018	Pensionskasse, Guthaben	CHF	10 000.00		
10.11.2018	Krankenkasse, Guthaben	CHF	1 500.00		
20.12.2018	Zeitungsabo, Guthaben	CHF	500.00		
20.12.2018	Generalabonnement, Guthaben	CHF	1 800.00		
31.07.2019	Staats- und Gemeindesteuern 2017, Guthaben	CHF	1 500.00		
31.08.2019	Staats- und Gemeindesteuern 2018, Guthaben	CHF	2 000.00		
31.08.2019	Direkte Bundessteuern 2017, Guthaben	CHF	500		
31.08.2019	Direkte Bundessteuern 2018, Guthaben	CHF	200	CHF	18 000.00

Abb. 20: Einnahmen zwischen dem Todestag und dem Stichtag für die Erbteilung.
Quelle: Dr. iur. Marc'Antonio Iten

Die **Passivseite** der Liquidationsrechnung setzt sich zusammen aus sämtlichen   503
Mehrausgaben (bspw. Vermächtnisse, Kursverluste und übrige Wertverminderungen sowie die Erbgangschulden) und Wertverminderungen, die in der
Zeit zwischen dem Todestag und dem Stichtag für die Erbteilung[705] angefallen
sind und im Saldo des Nachlassinventars per Todestag[706] noch nicht berücksichtigt wurden.

---

705 N 523.
706 N 333 ff.

504   Ausgaben zwischen dem Todestag, 30. September 2018 und dem Stichtag, 31. Oktober 2019

Vermächtnisse

Friedensstiftung (Barlegat)		CHF	4 250.00	
	Erbschaftssteuer	CHF	0.00	
31.03.2019	Ausbezahlt (netto)	CHF	4 250.00	
Hans Muster (Barlegat)		CHF	50 000.00	
p.M.	Erbschaftssteuer	CHF	-7 200.00	
31.03.2019	Ausbezahlt (netto)	CHF	42 800.00	
Solidaritätsstiftung (Barlegat)		CHF	4 250.00	
	Erbschaftssteuer	CHF	0.00	
31.03.2019	Ausbezahlt (netto)	CHF	4 250.00	

Total Vermächtnisse (brutto)   CHF   58 500.00

Kursverluste
Wertschriftendepot, Bank:

30.09.2018	30 000 NZD Cooperative Rabobank u.A. 4¾% (Valor 24699502)			
	Marktwert per Todestag	CHF	34 150.00	
31.03.2019	Verkaufserlös (netto)	CHF	33 150.00	
	Kursverlust	CHF	1 000.00	
30.09.2018	6 Anteile Raiffeisen ETF – Solid Gold Klasse -H- (Valor 13403490)			
	Kurswert per Todestag	CHF	20 000.00	
31.10.2019	Übernahme (Anrechnungswert)	CHF	19 000.00	
	Kursverlust	CHF	1 000.00	2 000.00

Erbgangschulden

31.10.2018	Bank, Spesen	CHF	50.00	
31.10.2018	Todesurkunde	CHF	30.00	
31.12.2018	Bank, Depotgebühren	CHF	200.00	
28.02.2016	Testamentseröffnung	CHF	1 000.00	
30.06.2019	Erbschein	CHF	300.00	
30.06.2019	Willensvollstreckerhonorar, akonto	CHF	2 500.00	
31.07.2019	Bank, Spesen	CHF	50.00	
31.08.2019	Bank, Depotgebühren	CHF	340.00	
30.09.2019	Bank, Spesen	CHF	30.00	
p.M.	Schlusshonorar Willensvollstrecker	CHF	5 000.00	CHF 9 500.00

Total Ausgaben   CHF   70 000.00

Abb. 21: Ausgaben zwischen dem Todestag und dem Stichtag für die Erbteilung.
Quelle: Dr. iur. Marc'Antonio Iten

Der Saldo der Liquidationsrechnung bildet die Grundlage für die **Teilungs-** 505
rechnung, in der die einzelnen **Erbanteile** nach Quoten **berechnet** und das
teilbare Nettonachlassvermögen per den für die Erbteilung vereinbarten Stichtag[707] den Erben **zugewiesen** wird.

Total zu teilendes Nachlassvermögen				CHF	470 000.00

506

Berechnung der Erbanteile

Thomas Muster	Erbquote	½		CHF	235 000.00
Erich Muster	Erbquote	½		CHF	235 000.00
Total		1		CHF	470 000.00

Zuweisung an die Erben

A. Erich Muster, Neffe

Erbanteil ½	CHF	235 000.00
abzüglich:		
Übernahme von 3 Raiffeisen ETF (Valor 13403490) per 31.10.2019	CHF	-9 500.00
Übernahme von Bargeld ½	CHF	-250.00
Erbschaftssteuern	CHF	-38 000.00
Resterbanspruch	**CHF**	**187 250.00**

B. Thomas Muster, Neffe und Patenkind

Erbanteil ½	CHF	235 000.00
abzüglich:		
Übernahme von 3 Raiffeisen ETF (Valor 13403490) per 31.10.2019	CHF	-9 500.00
Übernahme von Bargeld ½	CHF	-250.00
Erbschaftssteuern	CHF	-34 250.00
Resterbanspruch	**CHF**	**191 000.00**

Total Resterbansprüche (A. und B., netto) per Stichtag	**CHF**	**378 250.00**

Abb. 22: Teilungsrechnung.
Quelle: Dr. iur. Marc'Antonio Iten

Damit Willensvollstrecker den Erben rechnerisch nicht mehr oder weniger 507
Vermögen zuweisen, als im Zeitpunkt der Erbteilung tatsächlich vorhanden ist,
erstellen sie einen Nachweis über das am Stichtag für die Erbteilung[708] effek-
tiv vorhandene Nachlassvermögen. Dieser **Vermögensnachweis** ist ein wich-
tiges Kontrollinstrument.

---

707 N 523.
708 N 523.

508	**Aktiven**		
	Bargeld	CHF	500.00
	Privatkonto (= Nachlassabwicklungskonto)	CHF	462 200.00
	Total Einnahmen	CHF	462 700.00
	Passiven		
	Schlusshonorar Willensvollstrecker	CHF	5 000.00
	Erbschaftssteuern	CHF	79 450.00
	Total Ausgaben	CHF	84 450.00
	Total Aktiven	CHF	462 700.00
	Total Passiven	CHF	84 450.00
	Teilbares Restnachlassvermögen per Stichtag 31.10.2019	**CHF**	**378 250.00**

Abb. 23: Vermögensnachweis per Stichtag (Kontrollrechnung).
Quelle: Dr. iur. Marc'Antonio Iten

509   Von den Aktiven, die am Stichtag für die Erbteilung tatsächlich vorhanden sind, werden alle offenen Passiven abgezogen. Der **Saldo** zeigt das teilbare **Restnachlassvermögen,** das den Erben am Stichtag zugewiesen werden kann. Entspricht die Summe aller Resterbansprüche aus der **Teilungsrechnung**[709] dem teilbaren Restnachlassvermögen im Vermögensnachweis, so ist die Teilungsrechnung des Willensvollstreckers i.d.R. **korrekt.**

d.   Dokumentation

510   Die **Erbbescheinigung** gibt Auskunft über die Zusammensetzung der Erbengemeinschaft und die erbberechtigten Personen (vorbehältlich erbrechtlicher Klagen wie Ungültigkeits-, Herabsetzungs- und Erbschaftsklagen).

511   Eine Übersicht über weitere Dokumente, die benötigt werden, befindet sich in der **Checkliste.**[710]

e.   Digitaler Nachlass

512   Bis zur Teilung der Erbschaft verwalten Willensvollstrecker den digitalen Nachlass **exklusiv** anstelle der Erben.[711] Häufig stehen der Verwaltung des digitalen Nachlasses **zahlreiche Hürden** im Weg: fehlende Kenntnis über die Dienste,

---

709   N 505 f.
710   N 544 Checkliste Phase 4.
711   N 93.

die ein Erblasser nutzte, fehlende Zugangsdaten (Benutzernamen und Passwörter) sowie die Nutzungsbedingungen der Anbieter, die mehrheitlich fremdem Recht unterstehen und einen Gerichtsstand im Ausland vorsehen.

Willensvollstrecker müssen **Anweisungen** der Erblasser zum Umgang und zur Löschung ihrer Daten beachten.[712] Sie sollen nicht benötigte Accounts kündigen und Profile nach Rücksprache mit den Erben löschen.　　　513

Willensvollstrecker müssen **Verträge** für kostenpflichtige **Online-Dienste** prüfen und bei Bedarf kündigen. Viele Verträge erneuern sich automatisch und verursachen Kosten, die zulasten des Nachlassvermögens gehen. Willensvollstrecker führen Guthaben dem Nachlassvermögen zu (Rückerstattung)[713] und bezahlen offene Rechnungen, nachdem sie diese geprüft haben (Art. 518 Abs. 2 ZGB).[714]　　　514

f.　Übrige administrative Tätigkeiten

In dieser Phase fallen zahlreiche administrative Aufgaben an, die in der Regel von den Angehörigen der Erblasser erledigt werden können.[715] Willensvollstrecker sollen bei Bedarf Unterstützung anbieten.　　　515

Willensvollstrecker stellen den Grabunterhalt und seine Finanzierung sicher. Dazu sorgen sie für den Abschluss eines **Grabunterhaltsvertrags** zwischen der Friedhofsverwaltung und der Erbengemeinschaft, vertreten durch Willensvollstrecker.　　　516

Wohnte der Erblasser in einer **Mietwohnung** oder in einem **Heimzimmer,** müssen Willensvollstrecker die Wohnung rechtzeitig kündigen, um einer Haftung aus unterlassener Wohnungskündigung zu entgehen.　　　517

4.　Erbteilungsrelevante Handlungen

Vor der Erbteilung haben die Erben keinen Anspruch auf eine individuelle Nutzung des Nachlassvermögens.[716] Eine **Ausnahme** gilt für länger dauernde Willensvollstreckungen: In solchen Fällen müssen Willensvollstrecker dafür sorgen, dass die Erben finanziell nicht «verhungern».　　　518

712　Künzle, digitaler Nachlass, S. 40.
713　N 435 ff.
714　N 385.
715　N 544 Checkliste Phase 4.
716　Iten, Verantwortlichkeit, N 589 m.w.H.

519 **Akontozahlungen** sollten nur geleistet werden, wenn die Erben dies ausdrücklich verlangen und ein unaufschiebbares Bedürfnis nachweisen, das sich nicht beeinflussen lässt (bspw. Liquidität für Erbschaftssteuern). Es darf nur so viel ausbezahlt werden, dass aus dem Nachlass problemlos alle Nachlassschulden[717] bezahlt werden können, die bis zum Vollzug der Erbteilung noch anfallen werden (Steuern, Vermächtnisse, übrige Erbgangschulden etc.). Dies setzt eine verlässliche **Liquiditätsplanung** voraus.[718]

---

520 **Praxisbeispiele:**

– Willensvollstrecker dürfen Akontozahlungen nur dann leisten, wenn die Liquidität ausreicht, um später fällig werdende Forderungen zu begleichen.

– Willensvollstrecker müssen hängige oder zukünftige gerichtliche Verfahren genauso in Betracht ziehen wie die güterrechtliche Auseinandersetzung.

– Willensvollstrecker dürfen keine grösseren Beträge auszahlen, bevor alle pendenten Steuerverfahren rechtskräftig abgeschlossen sind und die Bezahlung der offenen Steuerforderungen sichergestellt ist.

– Unbedenklich scheint die laufende Ausschüttung der Nettoerträge des Nachlassvermögens.

– Willensvollstrecker sollten sich von den Erben eine vertragliche Schadloshaltungsverpflichtung ausstellen lassen, bevor sie Akontozahlungen veranlassen (Haftungsprävention).

---

521 Anders als bei der Nachlassverwaltung[719] haben Willensvollstrecker bei der Erbteilung keinen **Ermessensspielraum.**[720] Hier dürfen die Erben grundsätzlich alles frei vereinbaren, ohne dass sie ein Willensvollstrecker daran hindern könnte. Nach dem Grundsatz der **freien Erbteilung** entscheiden die Erben allein, ob, wann, wie und zu welchen Anrechnungswerten die Erbschaft geteilt wird:[721]

522 (1) Es steht den Erben frei, **ob** sie die Erbschaft ganz oder teilweise teilen oder die Erbengemeinschaft ganz oder teilweise fortführen.[722]

---

717 N 385 ff.
718 N 416.
719 N 52.
720 N 116.
721 N 113.
722 BSK ZGB II-Karrer/Vogt/Leu, Art. 518 ZGB N 60.

(2) Die Erben bestimmen, **wann** (Stichtag) die Erbteilung stattfindet (Art. 604   523
ZGB).[723]

(3) Es steht den Erben frei, sich über Teilungsvorschriften der Erblasser   524
(Art. 608 Abs. 1 ZGB) oder des Gesetzes hinwegzusetzen. Sie entscheiden
selbst, **welche Vermögenswerte** welchen Erben zu Eigentum zugewiesen werden.[724]

(4) Die Erben können gemeinsam die **Anrechnungswerte** festlegen, zu denen   525
sie die Erbschaftssachen (Aktiven und Passiven) im Rahmen ihrer Erbquoten
übernehmen.[725]

(5) Voraussetzung ist ein **einstimmiger Beschluss** der Erbengemeinschaft   526
(Art. 602 Abs. 2 ZGB).[726]

In der Praxis herrscht unter den Erben selten von Anfang an **Einstimmig-**   527
keit, denn sie haben in der Regel unterschiedliche Interessen. Können sich
die Erben nicht auf einen Erbteilungsvertrag einigen, können einzelne Erben
die Teilung der Erbschaft nur gerichtlich durchsetzen (**Erbteilungsklage** gem.
Art. 604 Abs. 1 ZGB). Das kann die Kläger viel Zeit und Geld kosten.

Die Qualitäten von Willensvollstreckern zeigen sich ganz besonders dann,   528
wenn die Erben uneinig oder unsicher sind: Sie sollen die Erben an einen **Erb-**
teilungsvertrag heranführen und die Erbteilung anschliessend **umsetzen.** Mit
anderen Worten sollen sie die Erben beraten und sie vor leichtfertigen Handlungen bewahren, indem sie u.a. auf steuerliche und andere Risiken aufmerksam machen und ihnen Chancen und Lösungen aufzeigen.[727] Checklisten vermögen diesen Prozess nicht zu ersetzen; gefragt sind fachliche **Erfahrung** und
gesunder **Menschenverstand.**

In der Literatur wird oft betont, dass Willensvollstrecker bei der Erbteilung   529
keinen Ermessensspielraum hätten.[728] Von einem juristischen Standpunkt aus
betrachtet ist das korrekt. In der Praxis hängt es jedoch stark von der **Quali-**
tät der **Mandatsführung** ab, ob es Willensvollstreckern gelingt, die Erben von
ihrem Teilungsplan zu überzeugen und sie zum Abschluss eines Erbteilungs-

---

723   N 552.
724   N 121 f.
725   Eggel, S. 12; Künzle, Erbteilung, S. 314 m.w.H.
726   N 113.
727   Vgl. Künzle, Erbteilung, S. 318.
728   N 116.

vertrags zu bewegen. Entgegen ihrer theoretischen Rechtsstellung haben Willensvollstrecker m.E. einen **erheblichen Einfluss** auf die Erbteilung.

---

530 **Praxisbeispiele:**[729]

- Willensvollstrecker sollen den Erben innert nützlicher Frist einen Teilungsplan vorlegen.
- Willensvollstrecker sollen zwischen den Erben vermitteln und auf eine einvernehmliche Erbteilung hinwirken.
- Für den Erlass einer verbindlichen Teilungsregelung fehlt den Willensvollstreckern die Kompetenz. Erblasser können Willensvollstrecker dazu auch testamentarisch nicht ermächtigen.
- Um erbteilungsrechtliche Massnahmen zu vollziehen, brauchen Willensvollstrecker eine Legitimation. Typischerweise ist das entweder der Erbteilungsvertrag oder die Entgegennahme der Lose durch die Erben (Art. 634 Abs. 1 ZGB).
- Entweder unterschreiben die Erben den Erbteilungsvertrag, den ihnen der Willensvollstrecker vorlegt, oder sie stimmen seinem eindeutigen Teilungsvorschlag schriftlich zu (Zustimmungserklärung).

---

531 Es gibt **drei** Arten von **Erbteilungsverträgen:** die vollständige Auflösung der Erbengemeinschaft, die subjektiv-partielle Erbteilung oder die objektiv-partielle Erbteilung. Solange noch ungeteiltes Erbschaftsvermögen vorhanden ist, bleibt die Erbengemeinschaft bestehen.[730]

532 (1) Bei der **vollständigen Auflösung** werden sämtliche Aktiven und Passiven der Erbschaft per Saldo aller Ansprüche restlos aus dem Gesamteigentum der Erben in das Allein- oder Miteigentum der Berechtigten überführt, wodurch die Erbengemeinschaft aufgelöst wird (Art. 602 Abs. 1 ZGB).

533 (2) Bei der **subjektiv-partiellen Erbteilung** werden einzelne Erben abgefunden und scheiden endgültig aus, während die übrigen die Erbengemeinschaft fortführen.[731]

534 (3) Bei der **objektiv-partiellen Erbteilung** teilen die Erben erst einen Teil der Aktiven oder Passiven auf.[732] Das bedeutet, dass alle Erben in der Erbengemeinschaft bleiben, auch wenn sie sich bereits Teile des Nachlassvermögens zu Allein- oder Miteigentum zuweisen (bspw. Liegenschaften, Beteiligungen an Unternehmen oder Wertschriften).

---

729 Beispiele zitiert aus Iten, Verantwortlichkeit, N 543 m.w.H.
730 BGer 5D_133/2010 vom 12.1.2011, E. 4.3.1.
731 BGE 96 II 329.
732 Derselbe, Erbvorbezugsgemeinschaft, S. 356 m.w.H.

Ohne die Zustimmung der Erben dürfen Willensvollstrecker keine Realteilung   535
herbeiführen,[733] denn sie sind nicht Partei des Erbteilungsvertrags.[734] Sie sollen die Erben lediglich an die Erbteilung heranführen, indem sie sie von ihrem
Teilungsplan überzeugen und einen tragfähigen **Erbteilungsvertrag** entwerfen,
der von den Erben **genehmigt** und vom Willensvollstrecker **vollzogen** wird.

Willensvollstrecker setzen den **Erbteilungsvertrag** auf und senden ihn den   536
Erben zur Prüfung und Genehmigung zu und regeln mit den Erben die Modalitäten der Unterzeichnung. Separate **Zustimmungserklärungen** aller Erben
zum Erbteilungsvertrag sind zulässig und aus verfahrensökonomischen Gründen sinnvoll. Die folgenden Elemente sind notwendige **Bestandteile** eines Erbteilungsvertrags.

Praxisbeispiele: 537

- Personalien der Erblasser
- Personalien und Erbquoten der Erben
- Stichtag für die Erbteilung[735]
- Güterrechtliche Auseinandersetzung, falls der Erblasser einen Ehegatten oder eingetrage-
  nen Partner hinterlässt
- Veränderung des Nachlassvermögens zwischen dem Todestag (Inventar per Todestag)[736]
  und dem Stichtag für die Erbteilung (Liquidationsrechnung)[737]
- Höhe und Zusammensetzung der einzelnen Erbanteile sowie Form der Zuweisung
  (Teilungsrechnung)[738]
- Höhe und Zusammensetzung des teilbaren Vermögens am vereinbarten Stichtag für die
  Erbteilung (Vermögensnachweis per Stichtag für die Erbteilung)[739]
- Datum und Unterschrift oder Zustimmungserklärung sämtlicher Erben bzw. ihrer Vertreter
- Saldoerklärung bei vollständiger Auflösung[740]

Wie bei einem aktienrechtlichen Entlastungsbeschluss nach Art. 758 Abs. 1 OR   538
(**Décharge**) verzichten die Erben mit der Entlastung des Willensvollstreckers

---

733   BGE 102 II 202 in fine.
734   Iten, Verantwortlichkeit, N 544 m.w.H.
735   N 523.
736   N 333 ff.
737   N 499 ff.
738   N 505 f.
739   N 507 f.
740   N 532.

lediglich darauf, Schadenersatzansprüche gegen ihn geltend zu machen, und genehmigen sein Honorar.[741] Die Décharge umfasst Informationen des Willensvollstreckers und Tatsachen, die für die Erben ohne Weiteres erkennbar waren.

539   Der definitive **Erbteilungsvertrag** soll nach Möglichkeit erst unterzeichnet werden, wenn eine definitive Erbschaftssteuerveranlagung vorliegt und, falls Liegenschaften aus dem Nachlass veräussert werden sollen, nachdem diese Verkäufe abgeschlossen sind (inkl. Grundstückgewinnsteuerverfahren).[742] Der Erbteilungsvertrag kann unterzeichnet werden, wenn sämtliche Nachlassschulden[743] bezahlt und die Vermächtnisse ausgerichtet worden sind.

540   Gelingt es Willensvollstreckern **nicht**, unter den Erben eine **Einigung** über den Erbteilungsvertrag herbeizuführen, bleibt ihnen nichts anderes übrig, als ihr Mandat niederzulegen oder sich auf die Fortführung der Verwaltung der Erbschaft zu beschränken.[744]

541   Die Erbteilung wird mit der Aufstellung und Entgegennahme der Lose oder mit dem Abschluss des **schriftlichen Erbteilungsvertrags** der Erben verbindlich (Art. 634 Abs. 1 und 2 ZGB).[745] Alle Erben müssen ihre Zustimmung zum Erbteilungsvertrag mit ihrer Unterschrift **ausdrücklich** bestätigen; die Zustimmung kann nicht stillschweigend erfolgen.[746]

542   Gibt es nur einen einzigen Erben (**Alleinerbschaft**), ist kein Erbteilungsvertrag erforderlich. Denn Alleinerben erwerben bereits mit dem Tod des Erblassers **Alleineigentum** (Art. 560 ZGB, Universalsukzession). Allerdings muss das Nachlassvermögen auch bei einer Alleinerbschaft zunächst **formell übertragen** werden, denn Bankkonten, Depots und Liegenschaften lauten noch auf den Namen der Erblasser. Für die Übertragung muss eine Erbbescheinigung[747] vorliegen. Bis zur formellen Eigentumsübertragung können Willensvollstrecker das Nachlassvermögen exklusiv verwalten.[748]

---

741   BSK OR II-Gericke/Waller, Art. 758 N 2 m.w.H.
742   N 491.
743   N 385.
744   BGer 5A_672/2013 vom 24.2.2014, E. 3.3.
745   BGE 102 II 197, S. 202.
746   BSK ZGB II-Karrer/Vogt/Leu, Art. 518 ZGB N 61.
747   N 510.
748   N 93.

5. Checkliste für Willensvollstrecker

Die Verwaltung der Erbschaft bildet die **4. Phase** im Fünf-Phasen-Modell der Willensvollstreckung.[749] Sie **beginnt** mit dem Abschluss des Steuerinventars und **endet** mit der Zustimmung sämtlicher Erben zum Erbteilungsvertrag.

543

Die Willensvollstreckung in fünf Phasen

544

Checkliste Phase 4: Die Verwaltung der Erbschaft

Beginn: Abschluss Steuerinventar

Ende: Zustimmung aller Erben zum Erbteilungsvertrag

1.   Involvierte Personengruppen

a.   Ehegatten

☐   Anerkennung güterrechtlicher Vermögensmassen

☐   Anerkennung über die Abgeltung güterrechtlicher Ansprüche: Saldoerklärung

☐   Beachtung der Vorrechte gem. Art. 219, 244 sowie 612a Abs. 2 ZGB

b.   Erben

☐   Information über das Honorar für die Willensvollstreckung: Modalitäten

☐   Evtl. Erklärung der Annahme der Erbschaft und Anfechtungsverzicht (Ungültigkeit / Herabsetzung)

☐   Erbenversammlungen: nach Bedarf

☐   Information: laufend, gleichzeitig und gleichmässig; agieren statt reagieren!

☐   evtl. Mediation und Verhandlungen innerhalb Erbengemeinschaft

☐   Bericht: mindestens einmal jährlich schriftlich orientieren über:

–   Stand des Nachlassvermögens mit Aktiven und Passiven

–   evtl. Steuerausweis per 31.12. des vergangenen Jahres (unverteilte Erbschaft)

–   weiterer Verlauf der Nachlassabwicklung

☐   Anerkennung der güterrechtlichen Vermögensmassen

☐   Anerkennung der Abgeltung güterrechtlicher Ansprüche: Saldoerklärung

☐   Evtl. Anerkennung von Vor- und Nacherbschaftsvermögen: Saldoerklärung

☐   Evtl. Anpassen der Anlagestrategie des Erblassers (nach Rücksprache)

---

749   N 199.

☐ Einigung auf Anrechnungswerte (Beteiligungen an Unternehmen, Mobiliar, Liegenschaften)

☐ Einigung auf den Teilungsvorschlag

☐ Genehmigung der Liquidations- und Teilungsrechnung

☐ Zustimmung zum Erbteilungsvertrag

☐ Saldoerklärung

☐ Décharge an Willensvollstrecker

c. Vermächtnisnehmer

☐ Kontaktieren

☐ Personalien, Kontaktdaten, Vertretung und Zahlungsinstruktionen

☐ Erklärung der Annahme der Vermächtnisse

☐ Sicherstellung der Zahlung der Erbschaftssteuer

☐ Erfüllung der Vermächtnisse sicherstellen

d. Nachlassgläubiger

☐ Evtl. Schuldenruf beantragen

☐ Erblasserschulden bezahlen (bspw. Gesundheitskosten, Mietzinse, Steuern etc.)

☐ Todesfall- und übrige Erbgangschulden bezahlen

☐ Erfüllung lebzeitig abgeschlossener Verträge der Erblasser sicherstellen

☐ Nur ausgewiesene Forderungen bezahlen

☐ Nicht ausgewiesene Forderungen bestreiten

☐ Evtl. gerichtliche Prozesse führen (inkl. SchKG)

e. Auflage

☐ Umsetzung der Auflagen sicherstellen

2. Nachlassvermögen

☐ Nachlassvermögen analysieren: Struktur, Chancen und Risiken

☐ Vermögenswerte zu Verkehrswerten (Marktwerte) bewerten, nicht zu Steuerwerten (Beteiligung an Unternehmen, Kunst, Liegenschaften, Schmuck etc.)

☐ Liquidität laufend planen und kontrollieren

☐ Rückstellungen bilden für Erbschaftssteuern, Grabunterhalt, übrige Erbgangschulden

☐ Evtl. Beteiligungen an unverteilten Erbschaften bewerten und evtl. auflösen

☐ Evtl. Beteiligungen an einfachen Gesellschaften (Ehegattengesellschaft) bewerten

a. Bankguthaben

☐ Nachlassabwicklungskonto definieren

☐ Zahlungen ausführen und überwachen

☐ Rückzugslimiten beachten: grössere Zahlungen und Saldierungen

☐ Evtl. Bankguthaben konsolidieren

☐ Wertschriften: evtl. Vermögensverwaltungsverträge nach Rücksprache mit den Erben kündigen

☐ Wertschriften: evtl. vorzeitig an Erben übertragen (partielle Erbteilung)

☐ Wertschriften: evtl. nach Rücksprache mit den Erben verkaufen

☐ Wertschriften: evtl. risikoreiche Anlagen verkaufen, um drohenden Schaden zu verhindern (Schadenminderung)

☐ Kreditkartenverträge: kündigen, Ausstand bezahlen oder Guthaben einfordern (Rückerstattung)

b. Versicherungen

aa. Krankenkasse: KVG, VVG

☐ Kostenbeteiligungen prüfen (Arzt- und Spitalrechnungen)

☐ Leistungsabrechnungen prüfen

☐ Prämien: Rückerstattung einfordern

bb. SUVA / private Unfallversicherung: VVG

☐ Unfalltod: Leistungsansprüche geltend machen (bspw. Hinterbliebenenrenten)

☐ Evtl. private Versicherungsverträge kündigen (Rückerstattung)

cc. Gebäude-, Haftpflicht- und Hausratsversicherung: VVG

☐ Weiterführen oder kündigen

☐ Zukünftige Versicherungsnehmer definieren

☐ Prämien: Rückerstattung einfordern

☐ Evtl. Fahrzeugversicherung kündigen

dd. 1. Säule: AHV, IV, ELG

☐ Ansprüche auf Witwen-, Witwer- und Waisenrenten prüfen

☐ Evtl. Ergänzungsleistungen und kantonale Beihilfen nachträglich geltend machen

ee. 2. Säule: BVG

- ☐ Ansprüche auf Renten- und Kapitalleistungen prüfen
- ☐ Hinterlassenenrenten durch Arbeitgeber klären lassen
- ☐ Evtl. Leistungsansprüche geltend machen
- ☐ Freizügigkeitsguthaben: evtl. Anfrage bei <www.zentralstelle.ch>

ff. Säule 3a: VVG und Banksparen

- ☐ Leistungsansprüche und Begünstigte prüfen

gg. Säule 3b: Lebens- und besondere Risikoversicherungen: VVG

- ☐ Unterlagen gemäss allgemeinen Versicherungsbestimmungen zusammenstellen
- ☐ Leistungsansprüche und Begünstigte prüfen und Erstere evtl. geltend machen
- ☐ Modalitäten für Kündigung und Auszahlung prüfen
- ☐ Evtl. Rückerstattung von Prämien einfordern

c. Hausrat und Wertgegenstände (Mobiliar)

- ☐ Antiquitäten, Kunst und Schmuck: evtl. Verkehrswert schätzen lassen
- ☐ Evtl. vorzeitig an Erben übertragen (partielle Erbteilung)
- ☐ Evtl. Lagerung und Versicherungsdeckung prüfen
- ☐ Gemietete Telefonapparate, TV-Boxen etc. zurückgeben
- ☐ Leasingverträge prüfen (Fahrzeuge)
- ☐ Fahrzeuge verkaufen oder an Erben übertragen

d. Andere Guthaben (Rückerstattungen)

- ☐ Guthaben einfordern, nötigenfalls betreiben (SchKG)
- ☐ Gefährdete Ansprüche sicherstellen
- ☐ Verjährung rechtzeitig unterbrechen
- ☐ Gutschriften auf Nachlassabwicklungskonto prüfen
- ☐ Abonnemente kündigen (GA, Halbtax, Zeitungen, Zeitschriften etc.)
- ☐ Arbeitgeber: Beteiligungen, Boni, Ferien, Lohnfortzahlungen (Art. 338 Abs. 2 OR), Überstunden etc. prüfen
- ☐ Kundenkarten kündigen (Cumulus, Globus, Supercard etc.)
- ☐ Mitgliedschaften kündigen (ACS, TCS etc.)
- ☐ Steuern bezahlen und Rückerstattungen geltend machen (Verrechnungssteuern etc.)
- ☐ Verträge kündigen (Fitness-Abos etc.)

e. Immobilien

☐ Fremdvermietung: Zahlungseingang für Mietzinse kontrollieren

☐ Evtl. Zwischennutzung organisieren

☐ Immobilien verwalten (jährliche Betriebsrechnung, Hauswartung, Hypotheken, Miet- und Pachtverträge, Nachbarrecht, Versicherungen etc.)

☐ Renovationen:

 – unaufschiebbare Renovationen durchführen lassen und überwachen

 – Umbau- und Erneuerungsarbeiten nur nach Rücksprache mit den Erben in Auftrag geben

 – Steuerfolgen (Umwandlung, gewerbsmässiger Liegenschaftenhandel) beachten

☐ Heiz- und Nebenkostenabrechnungen erstellen oder prüfen

☐ Ferienwohnungen: Kurtaxen abrechnen

☐ Stockwerkeigentum:

 – Protokolle, Reglemente, Erneuerungsfonds prüfen

 – Stockwerkeigentümerversammlung: Erbengemeinschaft vertreten

☐ Grundbuch: Erbfolgevermerk mit Erbbescheinigung eintragen lassen (Anmeldung)

☐ Evtl. Schuldbriefe sicherstellen

☐ Evtl. Verkauf:

 – nur nach Rücksprache mit den Erben: Einigung über den Preis und das Verfahren

 – Einholen aller für den Verkauf erforderlichen Bewilligungen

 – Grundstückgewinnsteuern prüfen und bezahlen

 – Verkauf beim Grundbuchamt anmelden

☐ Evtl. Übernahme durch Erben:

 – latente Grundstückgewinnsteuern berechnen

 – Verkehrswert nach Rücksprache mit den Erben schätzen lassen

 – Anrechnungswerte: Einigung mit den Erben finden (Betrag oder Verfahren zur verbindlichen Festlegung)

 – evtl. partielle Erbteilung vornehmen

 – Eigentumsübertragung beim Grundbuchamt mit dem (partiellen) Erbteilungsvertrag anmelden

☐ evtl. Ehegattengesellschaft liquidieren

f. Beteiligungen an Unternehmen

☐ Gesellschaftsrechtliche Verhältnisse prüfen

☐ Zeichnungsberechtigungen beachten (Banken, Geschäftsführung, Verwaltungsrat)

☐ Sofortmassnahmen, die für den Fortbestand des Unternehmens notwendig sind:

  – evtl. interimistische Stellvertretung organisieren

  – Sicherstellen, dass laufende Aufträge erfüllt werden

  – evtl. Geschäftsführung überwachen, bis die Nachfolge geregelt und vollzogen ist

  – evtl. rechtmässige Bestellung der Organe beim Gericht beantragen

☐ Mitgliedschaftsrechte der Erben vertreten

☐ Evtl. verbriefte Mitgliedschaftsrechte ausüben (Aktien)

☐ Evtl. Unternehmen liquidieren (nach Rücksprache mit den Erben)

☐ Evtl. Beteiligungen veräussern:

  – nach Rücksprache mit Erben

  – Bewertung in Auftrag geben

  – Abtretungsverträge erstellen oder prüfen

  – Handelsregisterrechtliche Einträge veranlassen (Anmeldung)

☐ Evtl. Übernahme durch die Erben:

  – nach Rücksprache mit den Erben

  – Anrechnungswerte und -verfahren: Einigung mit den Erben finden

  – evtl. partielle Erbteilung vornehmen

  – Handelsregisterrechtliche Einträge veranlassen (Anmeldung)

3. Administration

a. Erbschaftsverfahren

☐ Erbbescheinigung in genügender Anzahl beantragen

b. Steuerverfahren

aa. Direkte Steuern: Bund, Kanton und Gemeinde

☐ Steuern Vorjahre: definitive Veranlagung und Zahlung prüfen

☐ Steuern 1.1 – Todestag: definitive Veranlagung und Zahlung prüfen

☐ Steuern Todestag bis 31.12. für überlebenden Ehegatten; nur bei separatem Auftrag

☐ Evtl. Nebensteuerdomizile (bspw. Liegenschaften): Veranlagung und Zahlung prüfen

☐ Evtl. interkantonale und internationale Steuerausscheidung: Veranlagung und Zahlung prüfen

☐ Evtl. Nachsteuerverfahren: Veranlagung und Zahlung prüfen

☐ Schlussrechnungen für die Zeit bis zum Todestag: prüfen, ob alle Steuern rechtskräftig sind und bezahlt wurden

bb. Steuerausweise unverteilte Erbschaft

☐ Steuerausweise an Erben:

  – bei mehrjährigen Nachlässen

  – Nachweis über Erträge und Vermögen per 31.12. aus unverteilter Erbschaft

cc. Erbschaftssteuern

☐ Vorsicht bei Nachlässen mit Auslandbezug (bspw. US-Wertschriften, Erben mit Wohnsitz im Ausland, Liegenschaften im Ausland)

☐ Evtl. im Veranlagungsverfahren mitwirken[750]

☐ Prov. Erbschaftssteuer-Veranlagung:

  – prüfen und bereinigen

  – alle Abzüge geltend machen

  – Steuerbefreiungen und Freibeträge: mit Beweismitteln geltend machen

  – Liquidität für Bezahlung aus Nachlass sicherstellen

☐ Definitive Veranlagung prüfen und aus Nachlass bezahlen (Anrechnung an die Erbanteile der Erben und Vermächtnisnehmer)

☐ Evtl. Nebensteuerdomizile beachten (bspw. Liegenschaften)

☐ Evtl. Querschenkungen beachten (vor der Unterzeichnung des Erbteilungsvertrags)

dd. Verrechnungssteuern

☐ Verrechnungssteuern in Erbfällen ab Todestag zurückfordern (Formular S-167)

☐ Verjährungsfrist einhalten (drei Jahre)

☐ Bis zum Stichtag für die Erbteilung einfordern

☐ Evtl. ausländische Quellensteuern zurückfordern

---

750 Kantonale Übersicht im Anhang (Steuerverfahren).

c. Nachlassbuchhaltung

☐ Liquidität monatlich kontrollieren

☐ Liquidationsrechnung: Einnahmen und Ausgaben per Stichtag erstellen

☐ Teilungsrechnung: Erbanteile berechnen und bewerten. Zuweisung der Vermögenswerte an die Erben vorschlagen.

☐ Vermögensausweis per Stichtag für die Erbteilung: Kontrollrechnung erstellen

☐ Ausnahmsweise auf Nachlassbuchhaltung verzichten:

    – nach Rücksprache mit den Erben

    – bspw. bei Alleinerbschaft, einfachsten Vermögensverhältnissen etc.

d. Dokumentation

☐ ID-Kopien: Ehegatten, Erben und Vermächtnisnehmer

☐ Testamentseröffnungsverfügung (Rechtskraft)

☐ Erbbescheinigung (Rechtskraft)

☐ Grundbuchauszüge (Erbfolgevermerk)

☐ Schlussrechnungen aller involvierten Steuerämter

e. Digitaler Nachlass

☐ Anweisungen der Erblasser umsetzen (bspw. Löschung von Daten)

☐ Evtl. nicht benötigte E-Mail-Konten kündigen

☐ Evtl. Profile löschen (soziale Netzwerke)

☐ Evtl. kostenpflichtige Online-Verträge kündigen; Rückerstattung einfordern

f. Übrige administrative Tätigkeiten

☐ Besondere Haftungsrisiken prüfen (Übernahmeverschulden) und evtl. Fachpersonen beiziehen:

    – Auslandbezug

    – Buchführung (inkl. Liquidations- und Teilungsrechnung)

    – Immobilien

    – Kunstnachlässe

    – Prozessführung (inkl. SchKG)

    – Unternehmensnachfolge

    – Steuern

    – Vermögensverwaltung

☐ Grabstein: Kosten sicherstellen

☐ Grabunterhaltsvertrag: regeln und Kosten sicherstellen

- ☐ Mietwohnung / Heimzimmer: rechtzeitig kündigen (inkl. Parkplätze)
  - – Räumung und Reinigung organisieren
  - – evtl. Nachmieter suchen
  - – Wohnung abgeben, Abnahmeprotokoll[751] ausstellen lassen
  - – Mieterschäden reparieren lassen
  - – evtl. Versicherungen kündigen; Rückerstattung einfordern
  - – Mieterkaution auflösen; Rückerstattung einfordern
- ☐ Elektrizität und Erdgas kündigen
- ☐ Fernseh-, Radio-, Telefon- und Internetanschluss abmelden; Rückerstattung einfordern
- ☐ Arbeitsverhältnisse auflösen (Gärtner, Haushalthilfe, Reinigung etc.); Rückerstattung einfordern
- ☐ Kostenpflichtige Verträge kündigen; Rückerstattung einfordern
- ☐ ÖV-Abos kündigen; Rückerstattung einfordern
- ☐ Strassenverkehrsamt: Fahrzeug und Halter abmelden
- ☐ Telefon, Fernsehen, Internet abmelden; Hardware retournieren; Rückerstattung einfordern
- ☐ Telefonbucheinträge anpassen oder löschen
- ☐ Vereins- und Genossenschaftsmitgliedschaften kündigen; Rückerstattung einfordern
- ☐ Zeitungs- und Zeitschriftenabonnements kündigen; Rückerstattung einfordern

4. Erbteilungsrelevante Handlungen

- ☐ Fristen für Anfechtung (Herabsetzung und Ungültigkeit) beachten
- ☐ Teilungsvorschriften beachten
- ☐ Evtl. ausgleichungspflichtige Zuwendungen berücksichtigen
- ☐ Evtl. herabsetzbare Verfügungen berücksichtigen
- ☐ Evtl. Hausrat und Wertgegenstände aufteilen (Realteilung) und Anrechnungswerte mit den Erben vereinbaren
- ☐ Evtl. Liegenschaften vorzeitig zuweisen (partielle Erbteilung)
- ☐ Evtl. Wertschriften vorzeitig zuweisen (partielle Erbteilung)
- ☐ Evtl. Akontozahlungen an Erben vornehmen
- ☐ Stichtag für die Erbteilung mit den Erben vereinbaren

---

751   Vgl. Merkblatt für Wohnungsabgabe des HEV.

II. Die Willensvollstreckung in fünf Phasen

- [ ] Teilungsvorschlag von den Erben genehmigen lassen
- [ ] Erbteilungsvertrag entwerfen und mit Erben bereinigen
- [ ] Unterzeichnungs- und Zustimmungsverfahren mit den Erben regeln
- [ ] Zustimmung zum Erbteilungsvertrag (inkl. Liquidations- und Teilungsrechnung) bei allen Erben einholen
  - bei Immobilien im Nachlass: beglaubigte Unterschriften aller Erben
  - bei juristischen Personen als Erben: rechtsgültige Unterschrift gemäss HR-Auszug
  - bei unmündigen Erben: evtl. Zustimmung des Teilungsbeistands bzw. der KESB

E. Phase 5: Vollzug der Erbteilung

545

Abb. 24: *Phase 5 – Der Vollzug der Erbteilung.*
Quelle: *Dr. iur. Marc'Antonio Iten*

Willensvollstreckungsmandate enden mit der Erbteilung.[752] Der Vollzug der   546
Erbteilung bildet die **fünfte** und letzte **Phase** im Fünf-Phasen-Modell der Willensvollstreckung.[753]

Die Erbteilung **beginnt** mit der Zustimmung aller Erben zum Erbteilungs-   547
vertrag und **endet** mit der vollständigen Zuweisung des Nachlassvermögens
(Aktiven + Passiven) in das Allein- oder Miteigentum der berechtigten Erben.

1. Involvierte Personengruppen

In den Vollzug der Erbteilung sind nur noch die **Ehegatten** und **Erben** invol-   548
viert.

a. Ehegatten

Beim Vollzug der **güterrechtlichen Auseinandersetzung** weisen Willensvoll-   549
strecker den überlebenden Ehegatten die Vermögenswerte ins Alleineigentum
zu, die im Erbteilungsvertrag entsprechend bezeichnet sind.

---

752 N 25.
753 N 199.

550 Willensvollstrecker orientieren überlebende Ehegatten darüber, wie sie die verteilte Erbschaft in ihrer persönlichen Steuererklärung korrekt **deklarieren** (insbesondere bei Liegenschaften) und unterstützen sie bei Bedarf dabei.

b. Erben

551 Erbengemeinschaften lösen sich auf, wenn sämtliche Aktiven und Passiven des Nachlassvermögens restlos aus dem **Gesamteigentum** der Erben in das **Allein- oder Miteigentum** der Berechtigten überführt worden sind (Art. 602 Abs. 1 ZGB). Bei der Erbteilung weisen Willensvollstrecker den Erben die Vermögenswerte ins Allein- oder Miteigentum zu, die im Erbteilungsvertrag bezeichnet sind.

552 Am vereinbarten **Stichtag** für die Erbteilung gehen **Nutzen** und **Schaden** von der Erbengemeinschaft auf die berechtigten Erben über (Antrittstag). **Wertveränderungen** zwischen dem vereinbarten Stichtag und der tatsächlichen Erbteilung treffen ausschliesslich die Erben, die das jeweilige Nachlassaktivum übernehmen.[754] Willensvollstrecker haften nicht für die **Werthaltigkeit** von Vermögenswerten aus der Erbschaft, die den Erben zugewiesen worden sind.[755]

553 Willensvollstrecker orientieren die Erben darüber, wie sie die verteilte Erbschaft in ihrer persönlichen Steuererklärung korrekt **deklarieren** (insbesondere bei Liegenschaften) und unterstützen sie bei Bedarf dabei.

2. Nachlassvermögen

554 Durch die Erbteilung wird das Nachlassvermögen aus dem **Gesamteigentum** der Erben in das **Allein- oder Miteigentum** der Berechtigten überführt (Art. 602 Abs. 2 ZGB). Dies geschieht entweder durch den Vollzug eines Erbteilungsvertrags (Art. 634 ZGB), einer Realteilung (Art. 634 ZGB) oder eines gerichtlichen Urteils (Art. 604 ZGB).

a. Bargeld, Gold und andere Edelmetalle

555 Bargeld, Gold und andere Edelmetalle werden gemäss Erbteilungsvertrag quittiert an die berechtigten Erben übertragen.

---

754 ZEITER, S. 287.
755 KÜNZLE, Erbteilung, S. 320.

b. Bankguthaben

Bankkonti und Wertschriftendepots auf den Namen der Erblasser werden **sal-**   556
diert bzw. **aufgelöst**. Abschlusssaldi und Wertschriften werden gemäss den
Instruktionen im Erbteilungsvertrag überwiesen und transferiert.

c. Versicherungen

Sieht der Erbteilungsvertrag vor, dass bestimmte **Versicherungspolicen** an die   557
berechtigten Erben übergehen, orientieren Willensvollstrecker die Versicherer
über den Wechsel der Versicherungsnehmer und händigen die entsprechenden
Policen den Berechtigten quittiert aus.

d. Andere Guthaben (Rückerstattungen)

Willensvollstrecker instruieren die zuständige Steuerbehörde über die Modali-   558
täten der Auszahlung der zurückgeforderten **Verrechnungssteuern** im Erbfall.

e. Immobilien

Grundstücke werden nach den Instruktionen im Erbteilungsvertrag übertra-   559
gen. Gemäss Art. 50 Abs. 1 lit. c GBV können Willensvollstrecker gestützt auf
den schriftlichen Erbteilungsvertrag Liegenschaften **ohne Mitwirkung** der
Erben zuweisen (Art. 64 Abs. 1 lit. b GBV).[756] In diesem Fall ist darauf zu achten, dass die Unterschriften aller Erben entweder im Erbteilungsvertrag oder
auf der separaten Zustimmungserklärung **amtlich beglaubigt** wurden.

f. Beteiligungen an Unternehmen

Beteiligungen an Unternehmen werden nach den Instruktionen im Erbtei-   560
lungsvertrag zugewiesen. Willensvollstrecker übertragen Aktienzertifikate an
die Unternehmenserben und nehmen bei Namenaktien die **Indossierung** im
Namen der Erben vor. Wurden keine Aktien ausgestellt, stellen Willensvollstrecker **Abtretungserklärungen** aus und unterzeichnen diese für die Erben.[757]

Für Mutationen im **Handelsregister** ist der Verwaltungsrat zuständig, nicht   561
der Willensvollstrecker (Art. 931a OR; Art. 17 Abs. 1 lit. c HRegV).[758]

---

756   BSK ZGB II-Karrer/Vogt/Leu, Art. 518 ZGB N 61.
757   Pichler, Familienunternehmen, S. 46.
758   N 476.

3. Administration

a. Nachlassbuchhaltung

562 In der Regel ist die Schlussabrechnung bereits im Erbteilungsvertrag in Form einer Liquidations-[759] und Teilungsrechnung[760] enthalten. Deshalb schulden Willensvollstrecker den Erben grundsätzlich keinen weiteren **Rechenschaftsbericht** über den Vollzug der Erbteilung.

563 Es kommt vor, dass in der Liquidations- und Teilungsrechnung **Rückstellungen** gebildet wurden für Kosten im Zusammenhang mit dem Vollzug der Erbteilung (bspw. Grundbuchgebühren, Kosten für die Saldierung von Konten und den Transfer von Wertschriften sowie das Schlusshonorar der Willensvollstrecker).

564 Allfällige Rückstellungen sind mit einer separaten **Schlussabrechnung** aufzulösen. Bleibt ein Restsaldo, wird er den Erben entsprechend ihren Quoten nachträglich ausbezahlt.

b. Dokumentation

565 Für den Vollzug der Erbteilung benötigen Willensvollstrecker ein Original des **Erbteilungsvertrags,** den alle Erben unterzeichnet bzw. ihre schriftliche Zustimmung dazu erklärt haben.

566 Eine Übersicht über weitere Dokumenten die benötigt werden, befindet sich in der Checkliste.[761]

c. Digitaler Nachlass

567 Hardware und Zugangsdaten (Benutzernamen und Passwörter) werden den berechtigten Erben gemäss Erbteilungsvertrag ausgehändigt.

---

759 N 499 ff.
760 N 505 f.
761 N 574 Checkliste Phase 5.

d. Übrige administrative Tätigkeiten

Bevor sie ihr Mandat formell abschliessen können, sollten Willensvollstrecker   568
eine **Schlusskontrolle** durchführen (Haftungsprävention).[762] Willensvollstrecker orientieren alle Beteiligten darüber, dass ihr Mandat mit der Erbteilung
beendet ist.

Art. 962 Abs. 1 OR schreibt vor, dass Willensvollstrecker alle relevanten Unterlagen zum Mandat zehn Jahre lang **archivieren.**   569

4. Erbteilungsrelevante Handlungen

Willensvollstrecker **vollziehen** den Erbteilungsvertrag der Erben (Art. 518   570
Abs. 2 ZGB).[763] Das betrifft insbesondere Nachlasswerte, die sich bei der Erbteilung im Besitz der Willensvollstrecker befinden. Gegenstände (z.B. das
Mobiliar) im Besitz der Erben können diese selbständig und ohne Mitwirkung
der Willensvollstrecker unter sich aufteilen.[764]

Willensvollstrecker dürfen den Erbteilungsvertrag der Erben **nicht vollziehen,**   571
wenn er unsittlich oder gesetzeswidrig ist,[765] wenn er dem freien Teilungsrecht der Erben entzogen wurde,[766] wenn über die Erbschaft oder Teile davon
sichernde Massnahmen verfügt wurden (amtl. Erbschaftsverwaltung oder
-liquidation)[767] und/oder solange die am Nachlass Berechtigten ihre Rechtsposition noch ändern können (Ungültigkeit und Herabsetzung).[768]

Willensvollstrecker schieben den Vollzug des Erbteilungsvertrags entweder bis   572
zum Ablauf der **Verjährungs**- bzw. **Verwirkungsfristen** auf (Ungültigkeitsklage gemäss Art. 521 ZGB bzw. Herabsetzungsklage gemäss Art. 533 ZGB),
oder sie holen von allen Erben vorgängig eine Klageverzichts- und Schadloshaltungserklärung ein (Haftungsprävention).[769]

---

762 Bspw. gemäss den Checklisten für die Phasen 2 bis 5. N 254 Checkliste Phase 2; N 356 Checkliste Phase 3; N 544 Checkliste Phase 4; N 574 Checkliste Phase 5.

763 BSK ZGB II-Karrer/Vogt/Leu, Art. 518 ZGB N 52.

764 Iten, Verantwortlichkeit, N 555.

765 BSK ZGB II-Karrer/Vogt/Leu, Art. 518 ZGB N 57.

766 N 118 f.

767 Iten, Verantwortlichkeit, N 556 m.w.H.

768 Derselbe, a.a.O. N 557 m.w.H.

769 Derselbe, a.a.O.

5. Checkliste für Willensvollstrecker

573 Der Vollzug der Erbteilung bildet die **5. Phase** im Fünf-Phasen-Modell der Willensvollstreckung.[770] Sie **beginnt** mit der rechtsgültigen Zustimmung sämtlicher Erben zum Erbteilungsvertrag und **endet** mit der vollständigen Überführung der Aktiven und Passiven des Nachlassvermögens in das Allein- oder Miteigentum der berechtigten Erben.

574 **Die Willensvollstreckung in fünf Phasen**

Checkliste Phase 5: Der Vollzug der Erbteilung

Beginn: Zustimmung aller Erben zum Erbteilungsvertrag

Ende: Vollständige Übertragung des Nachlassvermögens in das Allein- oder Miteigentum der Erben

1. Involvierte Personengruppen

a. Ehegatten

☐ Güterrechtliche Zuweisung gemäss Erbteilungsvertrag

b. Erben

☐ Erbanteile gemäss Erbteilungsvertrag zuweisen

☐ Hinweis auf persönliche und solidarische Haftung nach der Erbteilung (Art. 639 f. ZGB)

☐ Evtl. Hinweis auf die Deklarationspflicht der verteilten Erbschaft

2. Nachlassvermögen

a. Bargeld, Gold und andere Edelmetalle

☐ Zuweisung gemäss Erbteilungsvertrag

b. Bankguthaben

☐ Auf Erblasser lautende Konti saldieren

   – Schlusssaldo gemäss Erbteilungsvertrag überweisen

☐ Auf Erblasser lautende Depots auflösen

   – Wertschriften gemäss Erbteilungsvertrag zuweisen

☐ Schrankfächer kündigen, Schlüssel zurückgeben und Inhalt zuweisen

---

770   N 199.

c. Versicherungen

☐ Evtl. Versicherungspolicen den Erben übergeben

d. Andere Guthaben (Rückerstattungen)

☐ Verrechnungssteuern: Rückerstattung prüfen

e. Immobilien

☐ Gemäss Erbteilungsvertrag zuweisen

– Eigentumsübertragung infolge Erbteilung im Grundbuch eintragen lassen (Anmeldung)

– Schuldbriefe übertragen

– evtl. Aufschub der Grundstückgewinnsteuer beantragen

f. Beteiligungen an Unternehmen

☐ Gemäss Erbteilungsvertrag zuweisen

– formelle Vorschriften beachten (Abtretung, Indossament, Aushändigen der Titel)

– evtl. Handelsregistereinträge bereinigen lassen

3. Administration

a. Nachlassbuchhaltung

☐ Evtl. mit einer Schlussabrechnung alle Rückstellungen auflösen

b. Dokumentation

☐ Erbteilungsvertrag

– von allen Erben unterzeichnet, oder separate Zustimmungserklärung aller Erben

– bei unmündigen Erben: evtl. Zustimmung des Teilungsbeistands bzw. der KESB

– bei juristischen Personen als Erben müssen die Unterschriften rechtsgültig sein (gemäss HR-Auszug)

– bei Immobilien im Nachlass sind die Unterschriften der Erben amtlich beglaubigen zu lassen

☐ Evtl. von allen Erben genehmigte Schlussabrechnung (Auflösung von Rückstellungen)

☐ Bereinigte Grundbuchauszüge (Zuweisung infolge Erbteilung)

☐ Bereinigte Handelsregisterauszüge

c. Digitaler Nachlass

☐ Hardware gemäss Erbteilungsvertrag zuweisen

☐ Zugangsdaten (Benutzernamen und Passwörter) gemäss Erbteilungsvertrag aushändigen

d. Übrige administrative Tätigkeiten

☐ Schlusskontrolle gemäss Checklisten Phasen 2–5 im Fünf-Phasen-Modell der Willensvollstreckung

☐ Banken, Liegenschaftenverwalter, Steuerämter, Versicherer etc. über das Ende des Mandats informieren

☐ Relevante Unterlagen zehn Jahre lang archivieren

4. Erbteilungsrelevante Handlungen

☐ Erbteilungsvertrag vollziehen

☐ Evtl. Schlussbericht (Auflösung von Rückstellungen) allen Erben zur Genehmigung vorlegen

III. Anhang

A. Ein Todesfall: Was ist zu tun?

Willensvollstrecker sind keine Bestattungsunternehmen: Die Organisation der   575
Bestattung ist grundsätzlich Sache der **Angehörigen.**

Viele Angehörige sind emotional überfordert, wenn ein Mensch stirbt, der   576
ihnen nahestand. Unmittelbar nach dem Tod kommt auch noch eine Vielzahl administrativer und organisatorischer Aufgaben und Behördengänge auf
die Hinterbliebenen zu. Deshalb ist es wichtig, dass **Willensvollstrecker** den
Angehörigen bereits in diesem Stadium bei Bedarf als zuverlässige Anlaufstelle
zur Verfügung stehen und ihnen dabei helfen, alles Notwendige rechtzeitig in
die Wege zu leiten.

Willensvollstrecker können den Angehörigen die folgende **Checkliste** zur Ver-   577
fügung stellen. Sie verschafft einen **Überblick** über die Sofortmassnahmen, die
auf sie zukommen.

Ein Todesfall: Was ist zu tun?   578

Checkliste für Angehörige

1. **Todeseintritt**
a. **Zu Hause**
☐ Hausarzt benachrichtigen oder Notarzt anfordern (Tel. 112)
☐ Ärztliche Todesbescheinigung ausstellen lassen
☐ Aufbahrung vorbereiten: Kleider, Schuhe, Schmuck etc.
☐ Verstorbene Person spätestens 36 Stunden nach dem Tod in die Leichenhalle
   überführen lassen
☐ Evtl. Haustiere versorgen

b. **Im Spital oder Heim**
Das Pflegepersonal verständigt den Arzt, händigt den Angehörigen oder dem
Willensvollstrecker die ärztliche Todesbescheinigung aus und kümmert sich um
die Aufbahrung
☐ Evtl. persönliche Gegenstände der verstorbenen Person entgegennehmen
   und inventarisieren

---

c. Im Ausland

☐ Schweizer Botschaft oder Konsulat in dem Land benachrichtigen, in dem sich die verstorbene Person befindet. Diese helfen beim weiteren Vorgehen

2. Tod durch Gewalt, Unfall oder Suizid

☐ Sofort die Polizei benachrichtigen (Tel. 117)

☐ Die Polizei bietet einen Arzt auf

☐ Weitere Massnahmen wie beim Tod zu Hause

3. Benachrichtigungen

☐ AHV-Ausgleichskasse am Wohnsitz der verstorbenen Person[771]

☐ Arbeitgeber oder Geschäftspartner der verstorbenen Person

☐ Eigenen Arbeitgeber bei Absenz am Arbeitsplatz

☐ Gemeindeverwaltung am Wohn- und am Sterbeort

☐ Militärischen Vorgesetzten bzw. Zivilschutz gemäss Seite 8 des Dienstbüchleins

☐ Nächste Angehörige: Familie, Freunde, evtl. Nachbarn, Vereine etc.

☐ Falls ein Organspende-Ausweis gefunden wird: das nächstgelegene Spital

☐ Strassenverkehrsamt (Fahrzeug abmelden)

☐ Willensvollstrecker

☐ Zivilstandsamt:[772] Ausweisdokumente und ärztliche Todesbescheinigung einreichen (bei ausländischen Staatsangehörigen: zusätzlich Aufenthaltsgenehmigung)

4. Dokumente in den Unterlagen der verstorbenen Person suchen

☐ Adressliste der Angehörigen

☐ Amtliche Todesurkunde: beim Zivilstandsamt[773] beantragen

☐ Anordnungen für den Todesfall: Bestattungswünsche etc.

☐ Familienbüchlein oder Familienurkunde

☐ Pass, ID und/oder Personalausweis

---

771 Adressen AHV-Ausgleichskassen: <www.ahv-iv.ch/de/Kontakte>.

772 Adressen der Zivilstandsämter: <www.e-service.admin.ch/competency-app/wicket/bookmarkable/ch.glue.suis.competency.app.pages.HeimatortPage?0>.

773 Adressen der Zivilstandsämter: <https://www.e-service.admin.ch/competency-app/wicket/bookmarkable/ch.glue.suis.competency.app.pages.HeimatortPage?1>.

☐ Ausländische Staatsbürger: Aufenthalts- oder Niederlassungsbewilligung, Pass und/oder Geburtsschein; Meldung an die zuständige Botschaft oder das Konsulat[774]

☐ Testament und Erbverträge: unverzüglich der zuständigen Behörde zur amtlichen Eröffnung einreichen[775]

5. Todesanzeige und Danksagung

☐ Adressliste für Leidzirkulare zusammenstellen

☐ Todesanzeige entwerfen und Danksagung gestalten

☐ Auflagen bestimmen

☐ Todesanzeige bei Zeitung(en) in Auftrag geben

☐ Danksagung

    – Text und Daten an Druckerei

☐ Versand ca. 14 Tage nach Bestattung

    – gemäss Adressliste, Beileidskarten, Blumen und Kränzen, Kondolenzbesuchen, Spenden, Teilnahme an der Bestattung etc.

6. Bestattung und Trauerfeier

☐ Anordnungen für den Todesfall umsetzen (falls auffindbar)

☐ Bestattungsamt bzw. -unternehmen kontaktieren

☐ Evtl. Aufbahrung: Dauer und Ort festlegen

☐ Bestattung: Art, Ort und Zeit vereinbaren

☐ Trauerfeier organisieren

    – Art, Ort und Zeit

    – Pfarrer / Abdankungsredner organisieren

    – Liste der gewünschten Musik, Textpassagen etc. erstellen

    – evtl. Musiker für die Trauerfeier engagieren

    – Lebenslauf der verstorbenen Person aufsetzen

    – Blumen bestellen

    – Leidmahl organisieren und Restaurant reservieren

    – Einladungen gestalten und an nahe Angehörige, Freunde, auswärtige Trauergäste versenden

---

[774] Ausländische Vertretungen in der Schweiz: <https://www.eda.admin.ch/eda/de/home/vertretungen-und-reisehinweise/auslaendische-vertretungeninderschweiz.html>.

[775] Kantonale Übersicht im Anhang (Erbschaftsverfahren).

B. Erbschaftsverfahren

579 Übersicht über die kantonalen Behörden, bei denen letztwillige Verfügungen einzureichen sind, die Testamente amtlich eröffnen, Willensvollstreckerzeugnisse und Erbscheine ausstellen sowie die Willensvollstrecker beaufsichtigen.

580 Zuständig ist die jeweilige Behörde am **letzten Wohnsitz** des Erblassers.

581 **Die Erbschaftsverfahren**

Kantonale Übersicht mit Behördenverzeichnis

Kanton	Aufgabe	Zuständigkeit
AG	Errichtung öffentlicher Testamente	Notar
	Aufbewahrung von Testamenten	Bezirksgerichtspräsident
	Einreichung / Eröffnung von Testamenten	Bezirksgerichtspräsident
	Ausschlagung / öffentliches Inventar	Bezirksgerichtspräsident
	Erbschein	Bezirksgerichtspräsident
	Siegelung / Sicherungsinventar	Gemeinderat / Bezirksgerichtspräsident
	Aufsicht über Willensvollstrecker	Bezirksgerichtspräsident
AI	Errichtung öffentlicher Testamente	Bezirksschreiberei als Erbschaftsamt
	Aufbewahrung von Testamenten	Bezirksschreiberei als Erbschaftsamt
	Einreichung / Eröffnung von Testamenten	Präsident des Erbschaftsamtes
	Ausschlagung / öffentliches Inventar	Bezirksschreiberei als Erbschaftsamt
	Erbschein	Bezirksschreiberei als Erbschaftsamt
	Siegelung / Sicherungsinventar	Präsident des Erbschaftsamtes
	Aufsicht über Willensvollstrecker	Bezirksschreiberei als Erbschaftsamt
AR	Errichtung öffentlicher Testamente	Gemeindeschreiber
	Aufbewahrung von Testamenten	Gemeinderat
	Einreichung / Eröffnung von Testamenten	Gemeinderat und Gemeindeschreiber
	Ausschlagung / öffentliches Inventar	Gemeinderat
	Erbschein	Gemeinderat
	Siegelung / Sicherungsinventar	Gemeinderat
	Aufsicht über Willensvollstrecker	Gemeinderat

BE		
	Errichtung öffentlicher Testamente	Notar
	Aufbewahrung von Testamenten	Gemeinderat, Notar
	Einreichung / Eröffnung von Testamenten	Gemeinderat
	Ausschlagung / öffentliches Inventar	Regierungsstatthalter
	Erbschein	Gemeinderat, Notar
	Siegelung / Sicherungsinventar	Gemeinderat
	Aufsicht über Willensvollstrecker	Regierungsstatthalter

BL		
	Errichtung öffentlicher Testamente	Bezirksschreiberei als Notariat
	Aufbewahrung von Testamenten	Bezirksschreiberei als Erbschaftsamt
	Einreichung / Eröffnung von Testamenten	Bezirksschreiberei als Erbschaftsamt
	Ausschlagung / öffentliches Inventar	Bezirksschreiberei als Erbschaftsamt
	Erbschein	Bezirksschreiberei als Erbschaftsamt
	Siegelung / Sicherungsinventar	Bezirksschreiberei als Erbschaftsamt
	Aufsicht über Willensvollstrecker	Bezirksschreiberei als Erbschaftsamt

BS		
	Errichtung öffentlicher Testamente	Notar
	Aufbewahrung von Testamenten	Erbschaftsamt
	Einreichung / Eröffnung von Testamenten	Erbschaftsamt
	Ausschlagung / öffentliches Inventar	Erbschaftsamt
	Erbschein	Erbschaftsamt
	Siegelung / Sicherungsinventar	Erbschaftsamt
	Aufsicht über Willensvollstrecker	Erbschaftsamt

FR		
	Errichtung öffentlicher Testamente	Notaire
	Aufbewahrung von Testamenten	Notaire
	Einreichung / Eröffnung von Testamenten	Juge de paix, notaire
	Ausschlagung / öffentliches Inventar	Juge de paix du district
	Erbschein	Juge de paix du district, notaire
	Siegelung / Sicherungsinventar	Juge de paix
	Aufsicht über Willensvollstrecker	Tribunal unique

GE		
	Errichtung öffentlicher Testamente	Notaire
	Aufbewahrung von Testamenten	Notaire, juge de paix
	Einreichung / Eröffnung von Testamenten	Juge de paix

III. Anhang

	Ausschlagung / öffentliches Inventar	Greffe des successions, juge de paix
	Erbschein	Ohne Testament: notaire
		Mit Testament: notaire plus ratification par juge de paix
	Siegelung / Sicherungsinventar	Juge de paix
	Aufsicht über Willensvollstrecker	Juge de paix
GL	Errichtung öffentlicher Testamente	Notar
	Aufbewahrung von Testamenten	Eigenhändige Testamente: KESB
		Öffentl. beurkundete Testamente: Regierungskanzlei
	Einreichung / Eröffnung von Testamenten	KESB
	Ausschlagung / öffentliches Inventar	Zivilgerichtspräsident
	Erbschein	KESB
	Siegelung / Sicherungsinventar	KESB
	Aufsicht über Willensvollstrecker	KESB
GR	Errichtung öffentlicher Testamente	Kreisnotar
	Aufbewahrung von Testamenten	Kreisamt
	Einreichung / Eröffnung von Testamenten	Bezirksgerichtspräsident
	Ausschlagung / öffentliches Inventar	Kreisamt
	Erbschein	Bezirksgerichtspräsident
	Siegelung / Sicherungsinventar	Kreisamt
	Aufsicht über Willensvollstrecker	Bezirksgerichtspräsident
JU	Errichtung öffentlicher Testamente	Notaire
	Aufbewahrung von Testamenten	Notaire, commune
	Einreichung / Eröffnung von Testamenten	Notaire
	Ausschlagung / öffentliches Inventar	Juge administratif
	Erbschein	Notaire
	Siegelung / Sicherungsinventar	Conseil communal
	Aufsicht über Willensvollstrecker	Juge administratif
LU	Errichtung öffentlicher Testamente	Notar
	Aufbewahrung von Testamenten	Teilungsamt

	Einreichung / Eröffnung von Testamenten	Teilungsamt
	Ausschlagung / öffentliches Inventar	Teilungsamt
	Erbschein	Teilungsamt
	Siegelung / Sicherungsinventar	Teilungsamt
	Aufsicht über Willensvollstrecker	Teilungsamt
NE	Errichtung öffentlicher Testamente	Notaire
	Aufbewahrung von Testamenten	Greffe du Tribunal du district, notaire
	Einreichung / Eröffnung von Testamenten	Greffe du Tribunal du district
	Ausschlagung / öffentliches Inventar	Greffe du Tribunal du district, notaire
	Erbschein	Greffe du Tribunal du district, notaire
	Siegelung / Sicherungsinventar	Président du Tribunal de district
	Aufsicht über Willensvollstrecker	Tribunal civil (Tribunal d'instance)
NW	Errichtung öffentlicher Testamente	Notar, Gemeindeschreiber
	Aufbewahrung von Testamenten	Amtsnotariat
	Einreichung / Eröffnung von Testamenten	Gemeinderat, Teilungsamt
	Ausschlagung / öffentliches Inventar	Konkursamt, Abteilung für öffentliche Inventarisation
	Erbschein	Gemeindeschreiber, Teilungsamt
	Siegelung / Sicherungsinventar	Konkursamt, Abteilung für öffentliche Inventarisation
	Aufsicht über Willensvollstrecker	Konkursamt, Abteilung für öffentliche Inventarisation
OW	Errichtung öffentlicher Testamente	Notar, Gemeindeschreiber
	Aufbewahrung von Testamenten	Gemeindekanzlei, Erbschaftsamt
	Einreichung / Eröffnung von Testamenten	Gemeinderat
	Ausschlagung / öffentliches Inventar	Gemeindepräsident, OG (Kommission)
	Erbschein	Gemeindeschreiber, Erbschaftsamt
	Siegelung / Sicherungsinventar	Erbschaftsamt
	Aufsicht über Willensvollstrecker	Kantonsgerichtspräsident
SG	Errichtung öffentlicher Testamente	Notar, Amtsnotariat
	Aufbewahrung von Testamenten	Amtsnotariat

	Einreichung / Eröffnung von Testamenten	Amtsnotariat
	Ausschlagung / öffentliches Inventar	Amtsnotariat
	Erbschein	Amtsnotariat
	Siegelung / Sicherungsinventar	Amtsnotariat
	Aufsicht über Willensvollstrecker	Kreisgerichtspräsident
SH	Errichtung öffentlicher Testamente	Erbschaftsamt
	Aufbewahrung von Testamenten	Erbschaftsamt
	Einreichung / Eröffnung von Testamenten	Erbschaftsamt
	Ausschlagung / öffentliches Inventar	Erbschaftsamt
	Erbschein	Erbschaftsamt
	Siegelung / Sicherungsinventar	Erbschaftsamt
	Aufsicht über Willensvollstrecker	Erbschaftsamt
SO	Errichtung öffentlicher Testamente	Notar, Amtsschreiber
	Aufbewahrung von Testamenten	Amtsschreiberei
	Einreichung / Eröffnung von Testamenten	Amtsschreiberei
	Ausschlagung / öffentliches Inventar	Amtsschreiberei
	Erbschein	Amtsschreiberei
	Siegelung / Sicherungsinventar	Inventurbeamter, Wohngemeinde
	Aufsicht über Willensvollstrecker	Amtsschreiberei
SZ	Errichtung öffentlicher Testamente	Notar, Gemeindeschreiber
	Aufbewahrung von Testamenten	KESB
	Einreichung / Eröffnung von Testamenten	KESB
	Ausschlagung / öffentliches Inventar	Bezirksgerichtspräsident
	Erbschein	KESB
	Siegelung / Sicherungsinventar	KESB
	Aufsicht über Willensvollstrecker	Bezirksgerichtspräsident
TG	Errichtung öffentlicher Testamente	Notar
	Aufbewahrung von Testamenten	Notariat
	Einreichung / Eröffnung von Testamenten	Notariat
	Ausschlagung / öffentliches Inventar	Bezirksgerichtspräsident
	Erbschein	Notariat

	Siegelung / Sicherungsinventar	Teilungsbehörde
	Aufsicht über Willensvollstrecker	Notariat
TI	Errichtung öffentlicher Testamente	Notaio
	Aufbewahrung von Testamenten	Notaio
	Einreichung / Eröffnung von Testamenten	Pretore distrettuale
	Ausschlagung / öffentliches Inventar	Pretore distrettuale
	Erbschein	Pretore distrettuale
	Siegelung / Sicherungsinventar	Pretore distrettuale
	Aufsicht über Willensvollstrecker	Pretore distrettuale
UR	Errichtung öffentlicher Testamente	Notar
	Aufbewahrung von Testamenten	Einwohnergemeinde, Gemeindearchiv
	Einreichung / Eröffnung von Testamenten	Gemeinderat
	Ausschlagung / öffentliches Inventar	Gemeinderat
	Erbschein	Gemeinderat
	Siegelung / Sicherungsinventar	Gemeinderat
	Aufsicht über Willensvollstrecker	Gemeinderat
VD	Errichtung öffentlicher Testamente	Notaire
	Aufbewahrung von Testamenten	Notaire
	Einreichung / Eröffnung von Testamenten	Juge de paix du district
	Ausschlagung / öffentliches Inventar	Juge de paix du district
	Erbschein	Juge de paix du district
	Siegelung / Sicherungsinventar	Juge de paix du district
	Aufsicht über Willensvollstrecker	Juge de paix du district
VS	Errichtung öffentlicher Testamente	Notaire
	Aufbewahrung von Testamenten	Notaire
	Einreichung / Eröffnung von Testamenten	Juge de commune
	Ausschlagung / öffentliches Inventar	Juge du Tribunal de district
	Erbschein	Juge de commune
	Siegelung / Sicherungsinventar	Juge de commune
	Aufsicht über Willensvollstrecker	Juge de district

III. Anhang

ZG		
	Errichtung öffentlicher Testamente	Urkundsperson, Gemeindeschreiber
	Aufbewahrung von Testamenten	Einwohnerkanzlei, Erbschaftsamt
	Einreichung / Eröffnung von Testamenten	Erbschaftsamt
	Ausschlagung / öffentliches Inventar	Kantonsgerichtspräsident
	Erbschein	Erbschaftsamt
	Siegelung / Sicherungsinventar	Erbschaftsamt
	Aufsicht über Willensvollstrecker	Gemeinderat
ZH		
	Errichtung öffentlicher Testamente	Amtsnotariat
	Aufbewahrung von Testamenten	Amtsnotariat
	Einreichung / Eröffnung von Testamenten	Bezirksgericht, Einzelgericht in Erbschaftssachen
	Ausschlagung / öffentliches Inventar	Bezirksgericht, Einzelgericht in Erbschaftssachen
	Erbschein	Bezirksgericht, Einzelgericht in Erbschaftssachen
	Siegelung / Sicherungsinventar	Bezirksgericht (bei öffentlichem Inventar)
	Aufsicht über Willensvollstrecker	Bezirksgericht, Einzelgericht in Erbschaftssachen

C. Steuerverfahren

Übersicht über die kantonalen und kommunalen Behörden, die für das Steuerinventar, die Einschätzung der direkten Bundessteuern, der Staats- und Gemeindesteuern sowie für die Veranlagung der Erbschaftssteuern zuständig sind.   **582**

Zuständig ist die Behörde am **letzten Wohnsitz** der **Erblasser.** Es bestehen **Sonderanknüpfungen** für Liegenschaften und Unternehmen (Betriebsstätten) im Nachlass.   **583**

Die Steuerverfahren im Erbgang   584

Kantonale Übersicht mit Behördenverzeichnis

Kanton	Aufgabe	Bemerkungen
Bund	Steuerinventar	Art. 54 StHG: Alle Kantone müssen im Erbgang ein Steuerinventar aufnehmen
	zuständig	Gemäss kant. Zuständigkeitsordnung
	Mitwirkung	Art. 157 Abs. 1 lit. a und b DBG: umfassende Mitwirkung der Willensvollstrecker
	Steuererklärung per Todestag (u.j.)	
	zuständig	Gem. kant. Zuständigkeitsordnung
	Haftung	Art. 13 Abs. 4 DBG: solidarische Mithaftung der Willensvollstrecker mit den Erben
	Erbschaftssteuern	Der Bund erhebt keine Erbschaftssteuern
	Art	–
	zuständig	Die Erhebung von Erbschaftssteuern ist Sache der Kantone
	Haftung	–
	Liegenschaften	–
AG	**Steuerinventar**	
	zuständig	Gemeindesteueramt
	Mitwirkung	§ 213 Abs. 1 lit. a und b StG AG: umfassende Mitwirkungspflicht für Willensvollstrecker
	Steuererklärung per Todestag (u.j.)	
	zuständig	Gemeindesteueramt

	Haftung	§ 8 Abs. 4 StG AG: solidarische Mithaftung Willensvollstrecker mit Erben
	Erbschaftssteuern	
	Art	Erbanfallsteuer
	zuständig	Kant. Steueramt, Sektion Erbschafts- und Schenkungssteuern
	Haftung	§ 8 Abs. 4 StG AG: solidarische Mithaftung Willensvollstrecker mit Erben
	Liegenschaften	– Steuerwert[776]
		– evtl. neue Einschätzung per Todestag, falls Steuerwert nicht mehr aktuell ist[777]
AI	**Steuerinventar**	
	zuständig	Kant. Steuerverwaltung
	Mitwirkung	Art. 141 Abs. 1 StG AI: umfassende Mitwirkungspflicht für Willensvollstrecker
	Steuererklärung per Todestag (u.j.)	
	zuständig	Kant. Steuerverwaltung
	Haftung	Art. 16 Abs. 3 StG AI: solidarische Mithaftung Willensvollstrecker mit Erben
	Erbschaftssteuern	
	Art	Erbanfallsteuer
	zuständig	Kant. Steuerverwaltung
	Haftung	Art. 102 Abs. 1 StG AI: solidarische Mithaftung Willensvollstrecker mit Erben
	Liegenschaften	– Verkehrswert[778]
		– Steuerbehörde und Steuerpflichtige können neue Einschätzung verlangen[779]
AR	**Steuerinventar**	
	zuständig	Kant. Steuerverwaltung oder Vertreter
	Mitwirkung	Art. 200 Abs. 1 lit. a und b StG AR: umfassende Mitwirkungspflicht für Willensvollstrecker

---

776 STUDER, S. 311.
777 DERSELBE, S. 311.
778 DERSELBE, S. 313.
779 DERSELBE, S. 313.

Steuererklärung per Todestag (u.j.)

zuständig	Erbschaftsamt (Gemeinde)
Haftung	Art. 15 Abs. 3 StG AR: solidarische Mithaftung Willensvollstrecker mit Erben

Erbschaftssteuern

Art	Erbanfallsteuer
zuständig	Erbschaftsamt (Gemeinde)
Haftung	Art. 148 Abs. 3 StG AR: solidarische Mithaftung Willensvollstrecker mit Erben
Liegenschaften	– Verkehrswert[780]
	– Steuerbehörde und Steuerpflichtige können eine neue Einschätzung verlangen[781]

BE **Steuerinventar**

zuständig	Inventarnotar, Regierungsstatthalter
Mitwirkung	Art. 212 Abs. 1 lit. a und b StG BE: umfassende Mitwirkungspflicht für Willensvollstrecker

Steuererklärung per Todestag (u.j.)

zuständig	Notar
Haftung	Art. 14 Abs. 3 oder 4 StG BE: solidarische Mithaftung Willensvollstrecker mit Erben

Erbschaftssteuern

Art	Erbanfallsteuer
zuständig	Kant. Steuerverwaltung, Sektion Erbschaftssteuern
Haftung	Art. 24 ESchG BE i.V.m. Art. 14 Abs. 4 StG BE: solidarische Mithaftung Willensvollstrecker mit Erben
Liegenschaften	Amtl. Verkehrswert gem. Steuergesetz[782]

BL **Steuerinventar**

zuständig	Bezirksschreiberei (Erbschaftsamt)
Mitwirkung	§ 110 Abs. 7 EG-ZGB BL: umfassende Mitwirkungspflicht für Willensvollstrecker

---

780 STUDER, S. 312.
781 DERSELBE, S. 312.
782 DERSELBE, S. 317.

III. Anhang

Steuererklärung per Todestag (u.j.)

zuständig   Bezirksschreiberei (Erbschaftsamt)

Haftung   § 14 Abs. 2 lit. g StG BL: solidarische Mithaftung Willensvollstrecker mit Erben

Erbschaftssteuern

Art   Erbanfallsteuer

zuständig   Kant. Steuerverwaltung

Haftung   § 10 ESchG: keine solidarische Mithaftung Willensvollstrecker mit Erben

Liegenschaften
- Verkehrswert[783]
- Ertragswert für landw. Grundstücke inkl. Gebäude, falls die Nutzung nach der Erbteilung fortbesteht[784]
- Nachbesteuerung zum Verkehrswert, falls landw. Nutzung nachträglich aufgegeben oder das Grundstück innert 20 Jahren veräussert wird[785]

BS Steuerinventar

zuständig   Erbschaftsamt

Mitwirkung   § 184 Abs. 1 lit. a und b; § 187 StG BS: umfassende Mitwirkungspflicht für Willensvollstrecker

Steuererklärung per Todestag (u.j.)

zuständig   Erbschaftsamt

Haftung   § 11 Abs. 4; § 13 StG BS: keine solidarische Mithaftung Willensvollstrecker mit Erben

Erbschaftssteuern

Art   Erbanfallsteuer

zuständig   Kant. Steuerverwaltung

Haftung   § 119 Abs. 2 StG BS: keine solidarische Mithaftung Willensvollstrecker mit Erben

Liegenschaften
- Verkehrswert[786]
- Ertragswert kann angemessen berücksichtigt werden[787]

---

783 STUDER, S. 316.
784 DERSELBE, S. 316.
785 DERSELBE, S. 316.
786 DERSELBE, S. 315.
787 DERSELBE, S. 315.

FR **Steuerinventar**

zuständig	Juge du paix
Mitwirkung	Art. 198 Abs. 1 lit. a und b StG FR: umfassende Mitwirkungspflicht für Willensvollstrecker

Steuererklärung per Todestag (u.j.)

zuständig	Juge du paix
Haftung	Art. 13 Abs. 4; Art. 194 StG FR: solidarische Mithaftung Willensvollstrecker mit Erben

Erbschaftssteuern

Art	Erbanfallsteuer und Gemeindesteuer
zuständig	Kant. Steuerverwaltung
Haftung	Art. 52 Abs. 1 ESchG FR: keine solidarische Mithaftung Willensvollstrecker mit Erben
Liegenschaften	– Steuerwert[788]
	– $\text{Steuerwert} = \dfrac{(2\times \text{Ertragswert} + 1\times \text{Verkehrswert})}{3}$[789]

GE **Steuerinventar**

zuständig	Gemeindesteueramt
Mitwirkung	Art. 64 LPFisc GE: umfassende Mitwirkungspflicht für Willensvollstrecker

Steuererklärung per Todestag (u.j.)

zuständig	Gemeindesteueramt
Haftung	Art. 12 Abs. 4 LIPP GE: solidarische Mithaftung Willensvollstrecker mit Erben

Erbschaftssteuern

Art	Erbanfallsteuer
zuständig	Kant. Steuerverwaltung
Haftung	Art. 64 Abs. 3 LDS GE: solidarische Mithaftung Willensvollstrecker mit Erben
Liegenschaften	– Marktwert per Todestag[790]
	– Sonderregelung für landw. Grundstücke[791]

---

788 STUDER, S. 318.
789 DERSELBE, S. 318.
790 DERSELBE, S. 319.
791 DERSELBE, S. 319.

GL **Steuerinventar**

zuständig	Kant. Steuerverwaltung
Mitwirkung	Art. 164 Abs. 2; Art. 180 Abs. 1 Ziff. 1 und 2 StG GL: umfassende Mitwirkungspflicht für Willensvollstrecker

Steuererklärung per Todestag (u.j.)

zuständig	Kant. Steuerverwaltung
Haftung	Art. 12 Abs. 4 StG GL: solidarische Mithaftung Willensvollstrecker mit Erben

Erbschaftssteuern

Art	Erbanfallsteuer
zuständig	Kant. Steuerverwaltung, Abteilung Spezialsteuern
Haftung	Art. 128 Abs. 1 StG GL: keine solidarische Mithaftung Willensvollstrecker mit Erben
Liegenschaften	– Verkehrswert per Todestag[792]
	– Steuerbehörde und Steuerpflichtige können neue Einschätzung verlangen[793]

GR **Steuerinventar**

zuständig	Kant. Steuerverwaltung
Mitwirkung	Art. 149 Abs. 1 lit. a und b StG GR: umfassende Mitwirkungspflicht für Willensvollstrecker

Steuererklärung per Todestag (u.j.)

zuständig	Kant. Steuerverwaltung, Abteilung Spezialsteuern
Haftung	Art. 13 Abs. 3 lit. e StG GR: solidarische Mithaftung Willensvollstrecker mit Erben

Erbschaftssteuern

Art	Nachlasssteuer (Kanton) und Erbanfallsteuer (Gemeinde); Revision geplant: Systemwechsel (Erbanfallsteuer)
zuständig	Kant. Steuerverwaltung
Haftung	Art. 115 Abs. 2 und 13 lit. e StG GR: solidarische Mithaftung Willensvollstrecker mit Erben

---

792   STUDER, S. 320.
793   DERSELBE, S. 320.

	Liegenschaften	– Verkehrswert[794] – Geschäftsliegenschaften: Ertragswert, sofern Nutzung nach Erbteilung fortbesteht[795] – Landwirtschaftliche Grundstücke: Ertragswert[796]
JU	**Steuerinventar**	
	zuständig	Inventarbehörde
	Mitwirkung	Art. 195 LI JU: umfassende Mitwirkungspflicht für Willensvollstrecker
	Steuererklärung per Todestag (u.j.)	
	zuständig	Gemeindesteueramt
	Haftung	Art. 53 Abs. 4 lit. e LI JU: solidarische Mithaftung Willensvollstrecker mit Erben
	Erbschaftssteuern	
	Art	Erbanfallsteuer
	zuständig	Kant. Steuerverwaltung
	Haftung	Art. 33 LISD JU: keine solidarische Mithaftung Willensvollstrecker mit Erben
	Liegenschaften	– Steuerwert[797] – Steuerwert basiert auf Verkehrswert[798] – Landwirtschaftliche Grundstücke: Ertragswert[799]
LU	**Steuerinventar**	
	zuständig	Teilungsamt
	Mitwirkung	§ 186 Abs. 1 lit. a und b StG LU: umfassende Mitwirkungspflicht für Willensvollstrecker
	Steuererklärung per Todestag (u.j.)	
	zuständig	Teilungsamt
	Haftung	§ 20 Abs. 5 StG LU: solidarische Mithaftung Willensvollstrecker mit Erben

---

794 STUDER, S. 321.
795 DERSELBE, S. 321.
796 DERSELBE, S. 321.
797 DERSELBE, S. 322.
798 DERSELBE, S. 322.
799 DERSELBE, S. 322.

	Erbschaftssteuern	
	Art	Erbanfallsteuer und Gemeindesteuer
	zuständig	Gemeindesteueramt
	Haftung	§ 6 ESchG LU: keine solidarische Mithaftung Willens-vollstrecker mit Erben
	Liegenschaften	– Steuerwert[800]
		– nichtlandwirtschaftliche Grundstücke: 100% des Katasterwerts[801]
		– selbstbewohnte Liegenschaften: 75% des Kataster-werts[802]
		– landw. Grundstücken: 3- bis 12-fach unter Verkehrs-wert[803]
NE	**Steuerinventar**	
	zuständig	Kant. Steuerverwaltung
	Mitwirkung	Art. 29 Abs. 1 LSucc NE: umfassende Mitwirkungspflicht für Willensvollstrecker
	Steuererklärung per Todestag (u.j.)	
	zuständig	Steuerverwaltung
	Haftung	Art. 15 Abs. 3 LCdir NE: solidarische Mithaftung Willens-vollstrecker mit Erben
	Erbschaftssteuern	
	Art	Erbanfallsteuer
	zuständig	Kant. Steuerverwaltung
	Haftung	Art. 42 LSucc NE: keine solidarische Mithaftung Willens-vollstrecker mit Erben
	Liegenschaften	– Verkehrswert[804]
		– Verkehrswert weicht vom Steuerwert (= Katasterwert) ab[805]
NW	**Steuerinventar**	
	zuständig	Teilungsamt

---

800 STUDER, S. 323.
801 DERSELBE, S. 323.
802 DERSELBE, S. 323.
803 DERSELBE, S. 323.
804 DERSELBE, S. 325.
805 DERSELBE, S. 325.

	Mitwirkung	Art. 231 Abs. 1 Ziff. 1 und 2 StG NW: umfassende Mitwirkungspflicht für Willensvollstrecker

Steuererklärung per Todestag (u.j.)

	zuständig	Gemeindesteueramt
	Haftung	Art. 15 Abs. 3 StG NW: solidarische Mithaftung Willensvollstrecker mit Erben

Erbschaftssteuern

	Art	Erbanfallsteuer
	zuständig	Kant. Steueramt
	Haftung	Art. 167 Abs. 1 StG NW: solidarische Mithaftung Willensvollstrecker mit Erben
	Liegenschaften	– Verkehrswert[806]
		– Verkehrswert entspricht Steuerwert[807]

OW **Steuerinventar**

	zuständig	Gemeindesteueramt
	Mitwirkung	Art. 236 Abs. 1 lit. a und b StG OW: umfassende Mitwirkungspflicht für Willensvollstrecker

Steuererklärung per Todestag (u.j.)

	zuständig	Kant. Steuerverwaltung
	Haftung	Art. 15 Abs. 4; Art. 16 Abs. 1 lit. b StG OW: solidarische Mithaftung Willensvollstrecker mit Erben

Erbschaftssteuern Keine (abgeschafft per 1.1.2017)

	Art	–
	zuständig	–
	Haftung	–
	Liegenschaften	–

SG **Steuerinventar**

	zuständig	Gemeindesteueramt
	Mitwirkung	Art 206 Abs. 1 lit. a und b StG SG: umfassende Mitwirkungspflicht für Willensvollstrecker

---

806 STUDER, S. 326.
807 DERSELBE, S. 326.

III. Anhang

	Steuererklärung per Todestag (u.j.)	
	zuständig	Kant. Steueramt unter Mitwirkung der Gemeindebehörden
	Haftung	Art. 25 Abs. 3 StG SG: solidarische Mithaftung Willensvollstrecker mit Erben

	Erbschaftssteuern	
	Art	Erbanfallsteuer
	zuständig	Kant. Steueramt, Sektion Erbschafts- und Schenkungssteuer
	Haftung	Art. 157 Abs. 1 oder 3 StG SG: solidarische Mithaftung Willensvollstrecker mit Erben
	Liegenschaften	– Verkehrswert[808] – Steuerbehörde und Steuerpflichtige können neue Einschätzung verlangen[809]

SH	**Steuerinventar**	
	zuständig	Erbschaftsamt
	Mitwirkung	Art. 146 Abs. 2 StG SH; Art. 73 I EG-ZGB SH: umfassende Mitwirkungspflicht für Willensvollstrecker

	Steuererklärung per Todestag (u.j.)	
	zuständig	Erbschaftsamt
	Haftung	Art. 14 Abs. 3 StG SH: solidarische Mithaftung Willensvollstrecker mit Erben

	Erbschaftssteuern	
	Art	Erbanfallsteuer
	zuständig	Erbschaftsamt
	Haftung	Art. 23 ESchG SH: keine solidarische Mithaftung Willensvollstrecker mit Erben
	Liegenschaften	Verkehrswert gem. kant. Steuergesetzgebung[810]

SO	**Steuerinventar**	
	zuständig	Erbschaftsamt
	Mitwirkung	§ 176 Abs. 1 StG SO: umfassende Mitwirkungspflicht für Willensvollstrecker

---

808 STUDER, S. 328.
809 DERSELBE, S. 328.
810 DERSELBE, S. 329.

Steuererklärung per Todestag (u.j.)
zuständig   Gemeindepräsident
Haftung   § 19 Abs. 3 StG SO: solidarische Mithaftung Willensvollstrecker mit Erben

Erbschaftssteuern
Art   Erbanfallsteuer und Nachlasssteuer
zuständig   Kant. Steueramt
Haftung   § 218 / 224 StG SO: keine solidarische Mithaftung Willensvollstrecker mit Erben
Liegenschaften   – Verkehrswert[811]
– Landwirtschaftliche Grundstücke und Gewerbe
(inkl. Betriebsinventar): Anrechnungswert
(mind. Ertragswert oder Nutzwert)[812]

SZ **Steuerinventar**
zuständig   KESB
Mitwirkung   § 180 Abs. 1 lit. a und b; § 181 StG SZ: umfassende
Mitwirkungspflicht für Willensvollstrecker

Steuererklärung per Todestag (u.j.)
zuständig   Kant. Steuerverwaltung
Haftung   § 13 Abs. 1; § 14 StG SZ: keine solidarische Mithaftung
Willensvollstrecker mit Erben

Erbschaftssteuern   Keine
Art   –
zuständig   –
Haftung   –
Liegenschaften   –

TG **Steuerinventar**
zuständig   Notariat
Mitwirkung   § 184 Abs. 1 Ziff. 1 und 2 StG TG; § 23 ESchG:
umfassende Mitwirkungspflicht für Willensvollstrecker

---

811 STUDER, S. 331.
812 DERSELBE, S. 331.

Steuererklärung per Todestag (u.j.)

zuständig	Inventarbehörde (Notar, Gemeindevertreter, kantonaler Steuerbeamter)
Haftung	§ 17 Abs. 3 StG TG: solidarische Mithaftung Willensvollstrecker mit Erben

Erbschaftssteuern

Art	Erbanfallsteuer
zuständig	Kant. Steuerverwaltung
Haftung	§ 33 ESchG TG: keine solidarische Mithaftung Willensvollstrecker mit Erben
Liegenschaften	– Steuerwert[813]
	– Steuerwert entspricht ca. 80–90% des Marktwerts[814]

TI   **Steuerinventar**

zuständig	Gemeindesteueramt
Mitwirkung	Art. 222 LT TI: umfassende Mitwirkungspflicht für Willensvollstrecker

Steuererklärung per Todestag (u.j.)

zuständig	Ufficio delle imposte di successione e donazione
Haftung	Art. 12 Abs. 4 LT TI: solidarische Mithaftung Willensvollstrecker mit Erben

Erbschaftssteuern

Art	Erbanfallsteuer
zuständig	Ufficio delle imposte di successione e donazione
Haftung	Art. 152 Abs. 2 LT TI: solidarische Mithaftung Willensvollstrecker mit Erben
Liegenschaften	– Verkehrswert[815]
	– Verkehrswert weicht vom Steuerwert ab[816]

UR   **Steuerinventar**

zuständig	Gemeindesteueramt
Mitwirkung	Art. 192; Art. 221 Abs. 1 lit. a und b StG UR: umfassende Mitwirkungspflicht für Willensvollstrecker

---

813 STUDER, S. 333.
814 DERSELBE, S. 333.
815 DERSELBE, S. 332.
816 DERSELBE, S. 332.

Steuererklärung per Todestag (u.j.)

zuständig	Gemeindesteueramt
Haftung	Art. 13 Abs. 4; Art. 17 Abs. 4 StG UR: solidarische Mithaftung Willensvollstrecker mit Erben

Erbschaftssteuern

Art	Erbanfallsteuer
zuständig	Kant. Steueramt
Haftung	Art. 9 ESchG UR: keine solidarische Mithaftung Willensvollstrecker mit Erben
Liegenschaften	– Steuerwert zuzüglich:[817] 15% bei Besitzesdauer unter 10 Jahren 20% bei Besitzesdauer 10–20 Jahre 30% bei Besitzesdauer über 20 Jahre – Steuerpflichtige können neue Einschätzung per Todestag verlangen[818]

VD **Steuerinventar**

zuständig	Juge de paix
Mitwirkung	Art. 213 LI VD; Art. 43 LMSD VD: umfassende Mitwirkungspflicht für Willensvollstrecker

Steuererklärung per Todestag (u.j.)

zuständig	Juge de paix
Haftung	Art. 14 Abs. 5 LI VD: solidarische Mithaftung Willensvollstrecker mit Erben

Erbschaftssteuern

Art	Erbanfallsteuer und Gemeindesteuer
zuständig	Kant. Steuerverwaltung
Haftung	Art. 18 LMSD VD: keine solidarische Mithaftung Willensvollstrecker mit Erben
Liegenschaften	80% des Steuerwerts[819] Sonderregelung für land- und forstwirtschaftliche Liegenschaften

---

817 STUDER, S. 334.
818 DERSELBE, S. 334.
819 DERSELBE, S. 335.

VS	**Steuerinventar**	
	zuständig	Kant. Steuerverwaltung, Sektion Erbschaftssteuern
	Mitwirkung	Art. 160 StG VS: umfassende Mitwirkungspflicht für Willensvollstrecker
	Steuererklärung per Todestag (u.j.)	
	zuständig	Gemeindeverwaltung
	Haftung	Art. 10 Abs. 4 StG VS: solidarische Mithaftung Willensvollstrecker mit Erben
	Erbschaftssteuern	
	Art	Erbanfallsteuer
	zuständig	Kant. Steuerverwaltung, Sektion Erbschafts- und Schenkungssteuer
	Haftung	Art. 118 Abs. 1 StG VS: keine solidarische Mithaftung Willensvollstrecker mit Erben
	Liegenschaften	– Verkehrswert[820]
		– Verkehrswert entspricht Katasterwert[821]
ZG	**Steuerinventar**	
	zuständig	Erbschaftsamt
	Mitwirkung	§ 150 Abs. 1 lit. a und b StG ZG: umfassende Mitwirkungspflicht für Willensvollstrecker
	Steuererklärung per Todestag (u.j.)	
	zuständig	Erbschaftsamt
	Haftung	§ 13 Abs. 4 StG ZG: solidarische Mithaftung Willensvollstrecker mit Erben
	Erbschaftssteuern	
	Art	Erbanfallsteuer
	zuständig	Kant. Steuerverwaltung
	Haftung	§ 185 StG ZG: keine solidarische Mithaftung Willensvollstrecker mit Erben

---

820 STUDER, S. 336
821 DERSELBE, S. 336.

	Liegenschaften	– Verkehrswert[822] – Verkehrswert entspricht Steuerwert[823] – Grundstücke, für die keine Schätzung vorliegt oder deren letzte Schätzung mehr als vier Jahre zurückliegt, werden neu eingeschätzt[824]
ZH	**Steuerinventar**	
	zuständig	Gemeindesteueramt
	Mitwirkung	§ 166 Abs. 1 lit. a und b StG ZH: umfassende Mitwirkungspflicht für Willensvollstrecker
	Steuererklärung per Todestag (u.j.)	
	zuständig	Gemeindesteueramt (Einreichung) Kant. Steuerverwaltung, Dienstabteilung Inventarkontrolle/Erbschaftssteuer (Veranlagung)
	Haftung	§ 12 Abs. 3 StG ZH: solidarische Mithaftung Willensvollstrecker mit Erben
	Erbschaftssteuern	
	Art	Erbanfallsteuer
	zuständig	Kant. Steuerverwaltung, Dienstabteilung Inventarkontrolle/Erbschaftssteuer
	Haftung	§ 8; § 9 ESchG ZH: keine solidarische Mithaftung Willensvollstrecker mit Erben
	Liegenschaften	– Verkehrswert per Todestag[825] – Land- und forstwirtschaftliche Grundstücke: Ertragswert[826]

---

822 STUDER, S. 337.
823 DERSELBE, S. 337.
824 DERSELBE, S. 337.
825 DERSELBE, S. 338.
826 DERSELBE, S. 338.